はじめに

　本問題集は、「新プライベートバンキング─プライマリーPB資格試験対応─」（以下「テキスト」という、編者：公益社団法人日本証券アナリスト協会）に関し、内容の理解を深め、知識の定着を図るとともに、資格試験合格を目指す方々の参考に資することを目的に刊行したものです。テキストの各分冊に対応し、本問題集も３分冊構成としており、両者を併用して学習することが合格を確実とする有効な手段になると考えています。

　このような位置づけから、問題はテキストの章・節に対応して作成するとともに（本問題集の目次参照）、問題・解答・解説の執筆にあたり、同協会の許諾を得て、テキストおよびプライマリーPB試験CBTサンプル問題集をできる限り参照・引用していますが、あり得る誤りを含め、本問題集の記述についての責任は専ら当社にあることを申し添えます。

ときわ総合サービス株式会社

JN106801

目　次（第2分冊）

第2編　資産の運用 ……………………………………………………………1

第3章　不動産の運用

第1節　不動産投資の特徴
【1】　現物不動産への投資
問1　不動産固有の特徴点 ………………………………………… 2
問2　不動産投資の特徴（全般）………………………………… 4
問3　不動産への初期投資と運用管理 ………………………… 6
問4　不動産価格の変動要因 …………………………………… 8
問5　不動産の資産価値と投資に伴うリスク ………………… 10
問6　不動産に対する税務上の特徴 ………………………… 12
【2】　J-REITへの投資
問7　J-REITへの投資 ………………………………………… 14
【3】　用途別の特徴
問8　不動産投資の用途別特徴1 ……………………………… 16
問9　不動産投資の用途別特徴2 ……………………………… 18

第2節　土地の有効活用
【1】　有効活用検討の流れ
問10　土地の有効活用に関する検討事項1 ………………… 20
問11　土地の有効活用に関する検討事項2 ………………… 22
問12　接道条件 ………………………………………………… 24
問13　投資目的に応じた土地の活用手法の選択、テナント需要の想定 ……… 26
問14　不動産におけるサブリースおよび相続税評価に関する留意点 ………… 28
【2】　建物建築・賃貸事業の収支計画
問15　不動産の初期投資に関する留意点 ………………… 30
問16　不動産の収支計画に関する留意点 ………………… 32

第3節　収益不動産の取得
【1】　既存の収益不動産を取得する場合の特徴と留意点
問17　既存の収益不動産を取得する場合の特徴と留意点 …………………… 34
問18　既存不適格建築物および違法建築物 ……………… 36
【2】　収益不動産の収支実績の見方
問19　テナントからの貸室賃料収入 ……………………… 38
【3】　出口戦略
問20　収益不動産の運営経費と不動産投資の出口戦略（売却想定）………… 40

第4節　投資判断指標

【1】　投資判断指標

問21　投資判断指標の特徴と使い分け1 ………………………………… 42

問22　投資判断指標の特徴と使い分け2 ………………………………… 44

【2】　不動産の価格についての補足

問23　不動産の公的な価格指標 …………………………………………… 46

問24　不動産価格をみる場合の留意点 …………………………………… 48

第5節　ファイナンス

【1】　不動産投資における借入の意義

問25　レバレッジ効果と借入比率 ………………………………………… 50

【2】　ファイナンスの基本事項

問26　不動産ファイナンスの基本事項 …………………………………… 52

第3編　資産の承継・管理 ……………………………………… 55

第1章　相続の法務

第1節　相続の概要

【1】　財産の承継方法

問27　相続と贈与 …………………………………………………………… 56

【2】　家族関係の状況把握

問28　相続人の範囲1 ……………………………………………………… 58

問29　相続人の範囲2 ……………………………………………………… 62

問30　養子 …………………………………………………………………… 64

問31　相続権の承認・放棄 ………………………………………………… 66

【3】　相続財産の範囲

問32　相続財産の範囲 ……………………………………………………… 68

【4】　相続分と遺留分

問33　法定相続分 …………………………………………………………… 70

問34　遺留分 ………………………………………………………………… 72

第2節　遺産分割協議

問35　遺産分割対策 ………………………………………………………… 74

問36　遺産分割協議全般 …………………………………………………… 76

問37　遺産分割の方法 ……………………………………………………… 78

問38　遺産分割協議の当事者 ……………………………………………… 80

問39　遺産分割協議の注意点 ……………………………………………… 84

問40　相続発生後の手続き ………………………………………………… 86

第3節　遺言

【1】　遺言の意義

問41　遺言の仕組みと効果等 ……………………………………………… 88

　　問42　遺言者の要件 ……………………………………………………… 90
　　問43　特定財産承継遺言と遺贈の違い ………………………………… 92
【2】　遺言の種類
　　問44　遺言の種類とその長所・短所 …………………………………… 96
　　問45　遺言書の検認 ……………………………………………………… 98
　　問46　自筆証書遺言および自筆証書遺言書保管制度 ………………… 100
【3】　遺言の執行者
　　問47　遺言執行者 ………………………………………………………… 102

第2章　相続の税務

第1節　相続税の概要

【1】　相続税額の計算
　　問48　相続税の仕組み …………………………………………………… 106
　　問49　相続税の計算方法 ………………………………………………… 108
　　問50　相続税法の法定相続人 …………………………………………… 110
　　問51　相続税の2割加算 ………………………………………………… 112
　　問52　相続財産が未分割である場合の取扱い ………………………… 114
　　問53　相続税の納税義務者と課税財産 ………………………………… 116
　　問54　相続税の債務控除 ………………………………………………… 118
　　問55　課税財産、みなし相続財産および非課税財産 ………………… 120
　　問56　生命保険の非課税限度額 ………………………………………… 122
　　問57　相続税の節税対策 ………………………………………………… 124
　　問58　名義財産、名義預金 ……………………………………………… 126
　　問59　相続税の税額控除 ………………………………………………… 128
　　問60　相続税の配偶者の税額軽減 ……………………………………… 130
【2】　財産評価の基礎
　　問61　相続財産の評価（全般） ………………………………………… 132
　　問62　相続財産（家屋）の評価 ………………………………………… 134
　　問63　相続財産（不動産）の評価 ……………………………………… 136
　　問64　相続財産（貸宅地・貸家建付地）の評価1 …………………… 138
　　問65　相続財産（貸宅地・貸家建付地）の評価2 …………………… 140
　　問66　相続税の小規模宅地等の特例1 ………………………………… 142
　　問67　相続税の小規模宅地等の特例2 ………………………………… 144
　　問68　相続税における金融資産の評価 ………………………………… 148

第2節　贈与税の概要

【1】　贈与税の位置づけ
　　問69　贈与税と相続税1 ………………………………………………… 152
　　問70　贈与税と相続税2 ………………………………………………… 154

問71　贈与税の取扱い……………………………………………… 156
【2】　贈与税額の計算
問72　贈与税の暦年課税…………………………………………… 158
問73　相続時精算課税制度1……………………………………… 160
問74　相続時精算課税制度2……………………………………… 164
問75　教育資金の一括贈与に係る贈与税の非課税措置………… 166
問76　住宅取得等資金に係る贈与税の非課税措置……………… 168
問77　居住用不動産を贈与したときの配偶者控除……………… 170
問78　みなし贈与財産（低額譲受）の贈与税…………………… 172

第3章　納税資金対策

第1節　想定納税額の確認

問79　想定納税額の確認…………………………………………… 174

第2節　納税資金の準備

問80　相続税の納税資金対策1…………………………………… 176
問81　相続税の納税資金対策2…………………………………… 178
問82　保有資産の処分により納税資金を捻出する際の留意点… 180
問83　相続により取得した非上場株式に関する税制上の優遇措置………… 182
問84　死亡退職金の相続税納税資金対策への活用……………… 186
問85　死亡保険金の相続税納税資金対策への活用……………… 188

第4章　信託を活用した資産の管理と成年後見制度

第1節　信託の概要

【1】　信託の組成と六つの基本要素

問86　信託の概要1………………………………………………… 192
問87　信託の概要2………………………………………………… 194
問88　委任、会社と比較した信託の特徴………………………… 196
問89　民事信託契約、商事信託契約、家族信託契約…………… 198
問90　信託の委託者………………………………………………… 200
問91　信託財産……………………………………………………… 202
問92　信託財産の範囲……………………………………………… 204
問93　PBにおける信託の活用とメリット……………………… 206

【2】　受託者の権限と義務

問94　信託の受託者………………………………………………… 208
問95　受託者の資格と権限………………………………………… 210
問96　受託者に対する監督………………………………………… 212

【3】　受益者および受益権の性質

　問97　信託の受益者 …………………………………………………………… 214

　問98　信託の受益権の性質 …………………………………………………… 216

　問99　後継ぎ遺贈型受益者連続信託 ………………………………………… 218

　問100　残余財産受益者と帰属権利者、信託の清算とその回避 ……………… 220

　問101　遺言代用信託 …………………………………………………………… 222

【4】　信託の機能と目的のパターン

　問102　信託の基本的機能 ……………………………………………………… 224

　問103　信託の目的と機能の関係 ……………………………………………… 226

第2節　信託に関する税務

　問104　信託税務の原則 ………………………………………………………… 228

　問105　信託税務―登録免許税、不動産取得税、固定資産税、都市計画税 ……230

第3節　信託における金融機関の関与

　問106　金融機関の信託関連業務 ……………………………………………… 232

　問107　事業承継支援への信託の活用 ………………………………………… 236

　問108　信託の種類と機能 ……………………………………………………… 238

　問109　遺言と信託、暦年贈与 ………………………………………………… 240

第4節　信託契約の事例

【1】　信託契約の条項

【2】　福祉型信託契約

【3】　財産・事業承継型信託契約

【4】　事務管理型信託契約

第5節　成年後見等

【1】　後見、家族信託契約、遺言、週末等医療等宣言

【2】　成年後見制度

　問110　成年後見制度1 ………………………………………………………… 242

　問111　成年後見制度2 ………………………………………………………… 244

　問112　法定後見制度 …………………………………………………………… 246

　問113　任意後見人と法定後見人との関係 …………………………………… 248

第 2 編

資産の運用

不動産固有の特徴点

> **問1　不動産固有の特徴点について、正しくないものはどれですか。**

A．利用としての側面
B．純投資としての側面
C．分割資産としての側面
D．相続財産としての側面

選択肢の説明

A．適切。利用としての側面（自ら利用・保有することを目的）は、不動産固有の側面である。

B．適切。純投資としての側面（賃貸収益や価値上昇などによる利益獲得目的）は、不動産固有の側面である。

C．不適切。不動産は資産としての価値は高いが、分割しづらい特徴があることから、分割資産としての側面は有していない。

D．適切。相続財産としての側面（資産課税上の特典を享受するなど）は、不動産固有の側面である。

正解　C

解説　テキスト第2分冊　2頁〜4頁参照

　不動産は金融商品との類似性がある一方で、物件によりリスクとリターンの個別性、流動性の課題も大きい。不動産固有の主な特徴点は次のとおりである。

不動産固有の特徴点	内　　容
利用としての側面	不動産は、自分で居住する、あるいは事業用として活用することが可能であり、特に自宅については、人生における最大の目的資産となることも多い。
純投資としての側面	不動産の資産価値の変動は、株式等の金融資産ほど大きくなく、賃貸収益などにより得られる年間収入は債券よりも高く、不動産は他の金融資産と比較した場合には、ミドルリスク・ミドルリターンの特性を有している。 一方で、個別性や流動性リスクが高く、インフレに強い資産である等の特性も有している。
相続財産としての側面	不動産は、個人で保有する資産の中でも大きな割合を占め、相続税の課税対象資産としての位置づけが高い。不動産の相続税評価額は、時価よりも低いという資産課税上の特典がある。一方で、流動性は低く分割しづらいという特徴も併せ持っている。

不動産投資の特徴（全般）

問2　不動産投資の特徴に関する記述のうち正しいものはどれですか。

A．不動産投資は、不動産の売却から得られる収益を獲得することを目的とした投資である。

B．不動産投資を行う場合、税務上のメリットを享受できる場合がある。こうしたケースでは、不動産投資自体の収益性は大きな問題とはならない。

C．不動産への投資・運用にあたっては多岐にわたる専門知識が求められることから、専門的な知見を持ち信頼のおける専門家にアプローチすることが重要である。

D．不動産投資は、参入障壁が低く一般の個人投資家が数多く参入していることからも分かるように、投資を行えば比較的容易に収益があがるという性質を有している。

選択肢の説明

A．不適切。不動産投資から得られる収益は、①不動産をテナントに賃借して得られる賃貸収益（インカムゲイン）と、②不動産の売却により実現する値上がり分の利益（キャピタルゲイン）の2つに大別される。

B．不適切。個人が不動産投資を行う場合、税務上のメリットを享受できる場合があるが、部分的な税務上のメリットを過度に追求し、不動産投資自体の収益性を軽視してはならない。

C．適切。不動産の取得、建物の建設、運営管理、売却などの各場面において各専門家との連携が必要となる。

D．不適切。不動産投資は事業としての性格を併せ持っており、投資さえすれば自動的に収益があがるという訳ではない。

正解　C

解説　テキスト第2分冊　2頁〜4頁参照

現物不動産への投資の特徴をまとめれば下表のとおりである。

大項目	小項目	キーワード
初期投資	投資対象	特定の不動産への投資／個別性が高い
	投資金額	投資額が大きい／不動産担保での借入が可能
運用管理	収支	キャッシュフローは安定的か／一時的支出あり
	管理	収益の維持向上／コスト管理
資産価値	資産価値	資産価値は変動／インフレヘッジ
	流動性	売買に相応の期間が必要／売買コスト
リスク	リスク	空室・賃料下落／金利変動／災害／制度変更
税務上の特徴	収益	不動産所得／減価償却／損益通算
	譲渡益	譲渡所得（長期譲渡・短期譲渡）
	相続	相続税評価減の効果

不動産への初期投資と運用管理

問3　不動産投資の特徴に関する記述のうち正しいものはどれですか。

A．不動産は、個別性の高い資産といわれているが、一般的に収益性が高いとされるエリア・用途の物件については、安心して投資をすることができる。

B．不動産投資の特徴の一つは、キャッシュフローの安定性にある。投資を行った以降は、安定したキャッシュフローを期待することができる。

C．不動産から得られる収益の維持向上には、賃貸市況を踏まえたテナント管理や、競争力を保つ建物管理等の取得後の管理が重要である。

D．建物のライフサイクルコスト（建物の建設から運営管理、解体までかかる総費用）をみると、用途によって異なるが、一般的にイニシャルコストは運営管理にかかるランニングコストの3〜5倍になるといわれている。

選択肢の説明

A．不適切。一般的に収益性が高いとされるエリア・用途の物件についても、投資対象となる不動産を個別にみたときの特徴を十分理解してうえで投資を行うことが重要である。

B．不適切。現物不動産への投資は単なる投資商品への投資ではなく事業としての性格を持ち、投資後の運営管理の巧拙が収益に影響する。

C．適切。賃貸不動産の収益の源泉はテナントからの賃料収入であり、これを維持向上させていくためには、賃貸市況を常に把握しながら優良なテナントを適切な賃料で入れていくとともに、テナントを獲得できるだけの建物設備の競争力をいかに保つか、が重要となる。

D．不適切。建物のライフサイクルコスト（建物の建設から運営管理、解体までかかる総費用）をみると、用途によって異なるが、一般的に運営管理にかかるランニングコストはイニシャルコストの3〜5倍になるといわれている。

正解　C

解説　テキスト第2分冊　4頁〜6頁参照

　賃貸不動産の収益の源泉はテナントからの賃料収入であり、これを維持向上させていくためには、賃貸市況を常に把握しながら優良なテナントを適切な賃料で入れていく（既存テナントとの賃料交渉も含まれる）とともに、賃借人に魅力的な建物設備の競争力を確保することが重要となる。築年数の経過とともに、建物・設備の老朽化、陳腐化は避けられないものの、計画的な修繕、投資により、建物の機能、テナントにとっての魅力を維持更新していくことができれば、収益の維持向上につながる。

　また、コストの面からも管理は重要で、建物のライフサイクルコストをみると、用途によっても異なるが、一般的にランニングコスト（修繕費、更新費、運用費、保全費、一般管理費）が、イニシャルコストである建設費の3〜5倍にもなるといわれており、運営管理を適切に行うことで支出を抑制する必要がある。

不動産価格の変動要因

> ### 問4　不動産と金融商品との関係について、正しくないものはどれですか。

A．不動産は景気の影響を受けにくいため、価格は安定している。

B．不動産価格と債券価格は、必ずしも同じ動きをする訳ではないが、関連性はある。

C．不動産価格と株価は、必ずしも同じ動きをする訳ではないが、関連性はある。

D．不動産価格と株価は、短期的には異なった動きをすることもあるが、中長期的には連動した動きとなる。

選択肢の説明

A．不適切。不動産の価格は、景気や物価変動、金利動向や需給関係の影響により、大きく変動する傾向がある。

B．適切。市場金利の変動により、債券価格は変動するが、長期国債利回り（市場金利）が低く推移している場合には、不動産価格の上昇要因と考えることができるため、収益還元法による不動産価格の計算に基づいた場合、債券価格と不動産価格の変動には関連性があると判断できる。

C．適切。不動産価格と株価は、景気や物価変動などの影響により変動するため、両者の変動には関連性がある。

D．適切。株式は、景気に敏感に反応する資産であるのに対して、不動産は、株式と比較した場合には遅行して動く傾向にあり、短期的には異なった動きをするが、中長期的には上記C．の関連性から、連動した動きとなる。

正解　A

解説　テキスト第2分冊　6頁〜8頁参照

　不動産の価格は、一般的に、景気や物価変動、金利動向や需給関係の影響により大きく変動する傾向がある。一方で、家賃収入など（インカムゲイン）は、景気の影響を受けにくく、比較的安定している。

　株式は、景気に敏感に反応する資産であるのに対して、不動産は、株式と比較した場合には遅行して動く傾向にあり、短期的には異なった動きをすることもある。

　また、不動産の価格は、さまざまな要因によって決定されるが、収益価格により評価されるケースが多く見受けられ、その計算方法は次のとおりである。

収益価格（＝不動産価格）＝収益／利回り

　この場合の利回り（運用利回り）は、「リスクフリーレート（長期国債利回り）＋リスクプレミアム（不動産投資によるプラスアルファの利回り）」などにより構成される。よって、長期国債利回り（市場金利）が低く推移している場合は、不動産価格の上昇要因になると考えることができる。

　市場金利の変動により、債券価格も変動するため、収益価格の計算に基づいた場合、債券価格と不動産価格の変動には関連性があるといえる。

不動産の資産価値と投資に伴うリスク

問5 不動産投資の特徴に関する記述のうち誤っているものはどれですか。

A. 不動産の資産価値はボラティリティが大きく、投資した不動産の売却価値が大きく変動する可能性がある。

B. 不動産の流動性（換金性）は決して高くないことから、売却に要する期間や、市況変動の可能性を念頭においた資金計画、また売却を予定している場合には、早い段階から計画的に準備を進めておくことが大切である。

C. 不動産投資には、空室発生・賃料下落のリスクがあるが、テナントとの間に締結した賃貸借契約の期間中には、一定の賃料が保証されている。

D. 不動産投資には災害リスクを伴うため、保険への加入は有効な対策の一つとなるが、災害リスクを完全に回避できないことには留意が必要である。

選択肢の説明

A. 適切。不動産の資産価値は、賃貸需要、金融機関の融資スタンス・金利などの金融環境、投資家の動向などにより変動するほか、物件の特性（繁華街の商業ビルや賃料単価の高額なオフィスビル等）によっては、価格のボラティリティがさらに大きくなる可能性がある。

B. 適切。現物不動産は1件当たりの金額が大きく購入者が限定的であるほか、購入者が精査すべき項目も多岐にわたり、売却には少なくとも3か月程度を要するといわれている。不動産が個別性の高い物件である場合や隣地との境界画定等物件関連の整備が必要な場合にはその期間はさらに長くなる。

C. 不適切。不動産投資には、空室発生・賃料下落リスクがあり、賃貸借契約の期間中であっても、解約や賃料減額・減免を求められる可能性がある。

D. 適切。災害大国の日本においては、自然災害や火災などの災害リスクも勘案すべきリスクのひとつであり、損害保険への加入などの対策を講じる必要がある。

正解 C

解説　テキスト第2分冊　6頁～11頁参照

　不動産の価値を評価するにあたって重視される見方に「収益価格」がある。収益価格は「収益」（＝対象不動産が獲得する年間収入－支出）を「利回り」で割り戻したものであり、「収益」÷「利回り」＝不動産価格（収益価格）となる。

　不動産の売買にあたっては、売買契約書にかかる印紙税、仲介手数料、抵当権抹消費用等が掛かるほか、購入時には不動産取得税、登録免許税、登記費用が必要となり、これらのコストは売買価格の4～6％になるといわれている。さらに売却によって利益が発生する場合には、譲渡所得に対し課税がされる（個人の場合は所得税・住民税、法人の場合は法人税）。

　不動産投資にかかわるリスクとしては、①空室発生・賃料下落・賃料滞納リスク、②調達資金の金利変動リスク、③建築可能な建物の用途や規模に関する制限強化（あるいは緩和）、土壌汚染への対応、税率や減価償却方法変更などの法律・税制の変更リスク、④災害リスク、等がある。④については、1981年6月に改正された建築基準法の新耐震基準下では、それ以前の建物と比較し損害が少ないことが報告されているほか、水害については、自治体によるハザードマップの発行が進んでいる。

不動産に対する税務上の特徴

問6　不動産に対する税務上の特徴点の説明に関し、正しいものはどれですか。

A．不動産の賃貸により得た不動産所得は、総収入金額から必要経費を差し引いて算出される。必要経費の主なものは、管理費、修繕費、公租公課等であり、減価償却費は必要経費とはならない。

B．譲渡した不動産の取得日から譲渡した日までの所有期間が5年を超える場合には、長期譲渡所得として扱われ、短期での売却と比較し低い税率が適用される。

C．相続税評価上、土地は時価、建物は固定資産税評価額に基づき評価される。

D．不動産取得に際しての借入が残っている場合には、これを相続財産の価額から差し引くことができる。

選択肢の説明

A．不適切。減価償却費は、実際のキャッシュアウトは発生しないが、税務上の損金となり所得を圧縮する効果があることから、不動産投資のメリットとされることも多い。

B．不適切。譲渡した不動産の取得日から譲渡日の属する年の1月1日までにおける所有期間が5年超の場合は長期譲渡所得として扱われる。

C．不適切。土地は路線価に基づき評価される。

D．適切。債務控除という（問54、テキスト第2分冊120頁参照）。

正解　D

解説　テキスト第2分冊　10頁～11頁参照

　不動産を譲渡した場合の譲渡所得は、次の要領で計算する。

収入金額－（取得費＋譲渡費用）－特別控除額＝課税譲渡所得金額
　　収入金額：売却収入金額
　　取 得 費：購入金額＋設備費・改良費－減価償却費相当額
　　譲渡費用：譲渡の際に要した仲介手数料、印紙代、測量費など
　　特別控除額：居住用不動産を譲渡した場合の3,000万円特別控除など（年間
　の譲渡所得を通じて5,000万円が限度）

　譲渡所得は、<u>短期譲渡所得</u>と<u>長期譲渡所得</u>に区分され、その要件は次のとおりである。

短期譲渡所得	不動産を譲渡した年の1月1日現在での所有期間が5年以下
長期譲渡所得	不動産を譲渡した年の1月1日現在での所有期間が5年超

　譲渡所得の計算上、建物の取得費は、取得に要した金額に設備費と改良費を加えた合計額から、減価償却費相当額を控除した額となる。なお、譲渡所得の計算上、取得費が不明である場合または著しく低い場合には、譲渡収入金額の5％相当額を取得費とする概算取得費を適用することができる。

　譲渡費用には、譲渡の際に要した仲介手数料や測量費等が含まれる。譲渡した不動産の取得日から譲渡日までの固定資産税や都市計画税の納付税額、修繕費用など当該不動産の保有（維持）に関する費用については、譲渡費用には該当しない。

J-REITへの投資

A．J-REITは、法律に基づき「不動産投資法人」と呼ばれる会社のような形態をとっている。投資家から集めた資金で不動産を取得し、その賃貸収入や売却益を投資家に分配する金融商品であるが、証券取引所には上場されていない。

B．J-REITは、利益の90％超を分配するなどの一定の要件を満たせば分配金を税務上の損金として取り扱うことができ、利益のほとんどを投資家に分配することが可能になるため、高い分配金が期待されている。

C．J-REITへの投資は、現物不動産への投資と比較して、個別の不動産に起こる事象の影響をより大きく受けてしまう特徴がある。

D．J-REITは、商品内容が指数に連動するため、分かりやすい商品といえる。

選択肢の説明

A．不適切。J-REITは証券取引所に上場されており、基本的には常に売買を行うことができる。

B．適切。

C．不適切。J-REITは不動産ポートフォリオへの投資であるため、個別の物件において起こりうるアクシデントの影響を小さく抑えることができる。偶発的な個別事象に左右されず、不動産投資の本来的な特徴であるキャッシュフローの安定性を享受しやすい。

D．不適切。J-REITは、商品内容が指数に連動している訳ではない。

正解　B

解説　テキスト第2分冊　11頁～14頁参照

　現物不動産とJ-REITの投資対象としての特徴を比較すれば下表のとおりである。

	現物不動産	J-REIT
投資対象	特定の不動産への投資。	不動産ポートフォリオへの投資。
投資額	1件当たりの投資額大。	10万円程度の少ない金額からの投資が可能。
利回り	J-REITより高い利回りを追求できる可能性。レバレッジ効果の享受も可能。	分配金利回りは概ね3～5％程度（2022年10月時点）。
流動性	売却には相応の期間が必要。	上場市場において基本的には常時売買が可能。
管理運用	管理業者への委託をする場合も、運用方針は自ら決定。	専門家である運用会社が実施。
資産価値	市況、個別要因により変動。価格は個別に算定する必要。	投資口価格で売買。株式市場、金利等の影響を受ける。
リスク	個別事象の影響を大きく受ける分、リスクは高い。	分散投資効果によりリスクを低減できる。
収益への課税	不動産所得として総合課税。	分配金は配当所得として課税。
譲渡益への課税	譲渡所得に対して課税。	譲渡所得に対して課税。
相続税評価	時価と比較して評価減の効果あり。	投資口の時価評価。

不動産投資の用途別特徴 1

問8 不動産投資の用途別特徴に関する記述のうち正しいものはどれですか。

A. 住宅用途の不動産への投資の特徴として、他用途に比べて、好況時の収益上昇が大きいという点があげられる。

B. オフィス用途の不動産への投資の特徴として、一般的に、他用途に比べて賃料水準が安定しているという点があげられる。

C. 賃貸オフィスの中でも、エントランスや機械室などの面積を入れた「基準階面積」の大きいオフィスほど賃料単価は高くなる傾向がある。

D. 一部の商業施設、ホテル、大型の物流施設は、管理運営に高い専門性が必要であり、不動産投資のノウハウ蓄積の少ない投資家にとっては比較的難易度の高い投資といえる。

選択肢の説明

A. 不適切。賃貸住宅は、底堅い需要の厚みがあり、他用途と比べて市況悪化時にも賃料変動は小さい。このように収益の安定性に優れた用途といえる反面、好況時においても、オフィスや商業施設のような大幅な賃料上昇は期待しにくい。

B. 不適切。賃貸オフィスの相場賃料は景気動向に左右されることから、テナント需要、賃料の振れ幅は賃貸住宅に比べて大きい。

C. 不適切。「基準階面積」とは、多層階の建物において、代表的な平面レイアウトを持つフロアの賃貸面積を指す。エントランスや機械室などの面積を除いた中階層の賃貸面積を指すのが一般的である。

D. 適切。ホテルや物流施設などはオペレーショナルアセットと呼ばれ、管理運営に高い専門性・ノウハウが必要で、物件の収益力が運営者の能力に大きく左右される特徴を持っている。

正解　D

解説 テキスト第2分冊 14頁～20頁参照

用途別の特徴をまとめると下表のとおりである。

	住宅	オフィス	商業施設
賃料の安定性	○	△～○	△
収益上昇の可能性	△	△～○	△～○
流動性	○	○	△
管理負担	△～○	○	△

○ 相対的に優れている　△ 相対的に注意を要する

　上記は一般的な用途別の一般的な傾向を単純化して示したものであり、テナントの状況、賃貸借契約の形態等といった物件毎の個別状況によって評価が異なる点には留意する必要がある。

不動産投資の用途別特徴 2

問9 不動産投資の用途別特徴に関する記述のうち、誤っているものはどれですか。

A．住宅用途の不動産への投資は、①テナントの代替性が高い、②賃料収入が安定している、③相続税評価減の効果が見込める、④売却先が見つけやすい、といったメリットがあげられる。

B．オフィスの賃料収入は景気動向に左右されるため、過去のトラックレコードを参考に投資することは適切ではないといわれている。

C．商業施設の賃料形態には、固定賃料、売上高に連動する歩合賃料、固定賃料と歩合賃料を併用する方式などがある。

D．ホテルや物流施設などはオペレーショナルアセットと呼ばれ、管理運営に高い専門性・ノウハウが必要であるなど、物件の収益力が運営者の能力に大きく左右されるという特徴を有している。

選択肢の説明

A．適切。その反面、好況時においても、オフィスや商業施設のような大幅な賃料上昇は期待しにくいほか、外国人や高額所得者向けの高級タイプの賃貸住宅のテナント需要・賃料は、比較的景気動向の影響を受けやすいなど、住戸のタイプによって賃料単価や需要の動きが異なる点には留意が必要である。

B．不適切。投資対象とする賃貸オフィスが、好況時や不況時においてどのような稼働状況・賃料水準で推移してきたか、過去のトラックレコードを参考に長期的な賃料見込みに基づいて投資することが重要である。

C．適切。固定賃料であっても、店舗の売上が振るわない場合には、賃料減額やテナント退去の可能性も考えられる点には留意が必要である。

D．適切。このため、不動産投資のノウハウ蓄積の少ない投資家にとっては、比較的難易度の高い投資対象である。

正解　B

> **解説** テキスト第2分冊　14頁〜20頁参照

不動産における各用途別の特徴をまとめると下表のとおりである。

【住宅】

テナント	・個人契約が多い（企業の借上等での法人契約もあり）。 ・テナント数は他用途に比べて多い。
賃料の安定性	・市況の影響は他用途に比べ小さく比較的安定。 ・築年経過に伴い、賃料は逓減していく傾向。
流動性	・物件価格は比較的小さく需要者層が幅広い。 ・他用途に比べて流動性が高い。
住戸タイプ	・ワンルーム、ファミリー、高級タイプなど、住戸タイプにより賃料単価・テナント需要・売買需要に違いあり。
留意点	・賃貸需要に応じた商品設計が重要。 ・個人契約が主でテナント数も多く管理は比較的煩雑。

【オフィス】

テナント	・大半が法人。移転契機は業容拡大縮小、集約など。 ・2年契約が一般的（解約予告は6ヶ月前など）。
賃料の安定性	・賃料は景気動向に左右されやすく変動は比較的大きい。 ・好況時には大きく収益向上が見込める場合もあり。
流動性	・物件価格は比較的高く、住宅ほどの需要者層の広がりはないが、底堅い需要あり、一定の流動性あり。
基準階面積による分類（例）	・大規模（200坪以上）／大型（100〜200坪）／中型（50〜100坪）／小型（50坪未満）。規模により賃料単価に差。
テナント需要に影響する要素	・立地、築年、建物構造、事務室レイアウト、建物設備、内外装のグレード、管理状態、共用部施設等。

【商業施設】

テナント	・テナント信用力、店舗売上、賃貸借契約内容等が重要。 ・郊外型は長期契約が多く、都心型は入替りが多い場合も。
賃料の安定性	・店舗収益に左右されるため一般に変動は大きい。 ・固定賃料、売上高連動の歩合賃料など賃料形態は多様。
流動性	・個別性が高く需要者層は限定されるため、他用途に比べて流動性は低い傾向。
施設タイプ	・都市型、郊外型大型施設、ロードサイド店舗等。 ・施設タイプにより、特徴は大きく異なる。
留意点	・テナント誘致、入替えなどに独特のノウハウが必要。 ・競合店舗出店など外部要因の影響を受ける側面もある。

土地の有効活用に関する検討事項1

問10　土地の有効活用に関する検討事項の記述について、誤っているものはどれですか。

A. 2022年末時点で13種類の用途地域が定められており、用途地域ごとに建てられる建物用途に制限が定められている。

B. 容積率とは、敷地面積に対する、建築可能な「建物床面積」の割合を指す。この「建物床面積」としては、例えば、共同住宅の廊下、階段、エレベーターなどを含む「延床面積」が使用される。

C. テナント需要の想定にあたっては、周辺事例のデータを収集し、立地・築年・構造・間取りなどを勘案しながら、対象地での事業計画における適切な建物計画、賃料水準・稼働率を想定する。

D. 住宅やオフィスの賃料水準は、同じ地域・用途であっても、間取りや規模の違いにより、面積当たりの単価に差異が生じることが一般的である。

選択肢の説明

A. 適切。最も制限が厳しい「第一種低層住宅専用地域」では、低層の住宅か一定の公共施設などしか建てられない。一方、「準工業地域」は、町工場などの小規模な工場と住宅が混在するエリアで比較的幅広い用途が認められている。商業地域は繁華性の高いエリアで、一部危険な工場等を除いて多くの用途が建築可能となる。

B. 不適切。「建物床面積」としては、例えば共同住宅の廊下、階段、エレベーターなどを除外した「容積対象床面積」が使用されるため、建物の各階の床面積の合計である「延床面積」より小さくなる。

C. 適切。不動産投資における収入はテナントからの賃料であるから、テナント需要の想定を行うことは不可欠なプロセスといえる。

D. 適切。間取りや規模によって賃料単価には差がある。住宅の場合、高級タイプ＞単身者・DINKS向け＞ファミリー向け、オフィスの場合、基準階面積の大きい物件の方が高くなる傾向がある。

正解　B

解説　テキスト第2分冊　23頁～40頁参照

　用途地域は、住居系の用途地域、商業系の用途地域、工業系の用途地域の3つに区分されている。さらに、それぞれの用途地域ごとに制限があり、その地域区分（13地域）は、次のとおりである。

用途地域	地域の種類
住居系の用途地域	第一種低層住居専用地域、第二種低層住居専用地域、第一種中高層住居専用地域、第二種中高層住居専用地域、第一種住居地域、第二種住居地域、準住居地域、田園住居地域
商業系の用途地域	近隣商業地域、商業地域
工業系の用途地域	準工業地域、工業地域、工業専用地域

　土地の有効活用を検討する一般的な流れは次のようなものとなる。

① 土地の特徴（所在、交通条件、土地面積、用途地域、建蔽率、容積率、接道条件等）を把握し活用可能性を検証する
② 投資目的に応じた土地活用方法（土地賃貸、建物賃貸、売却）、投資規模を想定する
③ テナント需要を調査し、エリア・個別物件の特徴、入居者特性、賃料水準・稼働率を織り込んだ需要想定に基づき事業計画を立案する
④ 事業パートナーを選定し、詳細な事業計画を策定する
⑤ 資金調達・投資を実行する

土地の有効活用に関する検討事項 2

問11 土地の有効活用に関する検討事項の記述について、正しいものはどれですか。

A. 不動産の所有権は登記によって対抗力を持ち、抵当権その他の権利関係も登記簿に記載されているため、権利関係をみるにはまずもって登記簿の確認を行う必要がある。

B. 隣地との境界を確定させたうえで測量されている場合の測量図は「現況測量図」などと呼ばれる。

C. 建蔽率とは、敷地面積に対する、容積対象床面積の割合をいう。

D. 容積率とは、敷地面積に対する、延床面積の割合をいう。

選択肢の説明

A. 適切。土地には住居表示とは別に、土地の登記簿上で一筆ごとにつけられている番号がありこれを「地番」と呼ぶ。不動産の所有権は登記によって対抗力を持つ（権利を主張できる）ため、権利の確認にあたっては、法務局等で取得できる登記簿に記載されている所在・地番によって把握する必要がある。

B. 不適切。隣地との境界を確定させたうえで測量されている場合の測量図は「実測図」や「確定測量図」と呼ばれるのに対し、境界確定を行っていない状態での測量図は「現況測量図」などと呼ばれる。

C. 不適切。建蔽率とは、敷地面積に対する、建築面積の割合であり、敷地のうち建物を建ててよい面積の上限を規定する数値である。

D. 不適切。容積率とは、敷地面積に対する、建築可能な建物床面積の割合であり、この数値によって建てられる建物規模が決まってくる。ここでいう建物床面積は「容積対象床面積」として算出されるもので、建物の各階の床面積の合計である「延床面積」や、入居者が利用できる面積である「専有面積」などとは異なる。「容積対象床面積」には、共同住宅の廊下、階段、エレベーターなどは含まれないため、通常「延床面積」より小さくなる。

正解　A

解説　テキスト第 2 分冊　24頁〜25頁参照

(1)　<u>建蔽率</u>（%）：（建築面積÷敷地面積）×100

　　敷地面積に対する、建築面積の割合であり、敷地のうち建物を建ててよい面積の上限を規定する数値。角地などの敷地条件や、地域地区、建物の耐火構造などにより加算される場合もある。

(2)　<u>容積率</u>（%）：（建物床面積（容積対象床面積）÷敷地面積）×100

　　敷地面積に対する、建築可能な建物床面積の割合であり、この数値によって建てられる建物規模が決まってくる。例えば、100坪の土地で容積率400%であれば400坪までの建物が建てられる。ここでいう建物床面積は「容積対象床面積」として算出されるもので、「延床面積」や「専有面積」などとは下記のとおり異なる。

①　<u>延床面積</u>…建物の各階の床面積の合計。建築基準法で定められている基準で算出される延床面積は法定延床面積とも呼ばれる。

②　<u>容積対象床面積</u>…容積率算出上の床面積で、延床面積より小さくなる。例えば、共同住宅の廊下、階段、エレベーターなどは、延床面積に含まれるが、容積率の計算上の面積からは除外される。

③　<u>専有面積</u>…テナント（入居者）が住居や事務所として利用できる部分の面積で、テナントに貸し出す際の賃料算出のベースとなる（1棟貸などで延床面積をベースに算出する場合もある）。

接道条件

問12　道路規制に関する説明について、誤っているものはどれですか。

A．建物を建築する際の敷地は、原則として、幅員4m以上の道路に2m以上接していなければならない。

B．建築基準法上の道路とは、原則として幅員4m以上の公道をいい、私道は道路にみなされない。

C．すでに建物が建ち並んでいる敷地の前面道路が幅員4m未満であっても、特定行政庁が指定したものは道路とみなされるが、この場合の道路境界線は、原則として道路中心線から2mの地点とみなされる。

D．道路幅員が12m未満の場合、法定容積率にかかわらず前面道路幅員を基準にした数値が利用可能な容積率の上限となる。

選択肢の説明

A．適切。都市計画区域内および準都市計画区域内の建物を建築する際の敷地は、原則として幅員4m以上の道路（建築基準法上の道路）に2m以上接していなければならず、接道義務を満たしていない敷地には、原則として建築物を建築することはできない。

B．不適切。建築基準法上の道路とは、原則として幅員4m以上の道路をいい、都市計画法、土地区画整理法等による道路のほか、一定の私道も建築基準法における道路とされる。

C．適切。現に建物が建ち並んでいる敷地の前面道路が幅員4m未満であっても、特定行政庁が指定したものは道路とみなされる。この場合の道路境界線は、原則として道路中心線から水平距離2mの地点とみなされる。

D．適切。

正解　B

解説　テキスト第２分冊　26頁参照

　建物を建築する際の敷地は、建築基準法上の道路に２ｍ以上接していなければならない。したがって、接道義務を満たしていない敷地には、原則として建物を建築することができない。ただし、建物の周囲に広い空き地があるなど、安全上支障がないときは、接道義務を満たしていなくても建築物を建築することができる場合がある。

　建築基準法上の道路とは、幅員４ｍ以上のもので、道路法、建築基準法が適用された際にすでに存在していた道路のほか、一定の私道も建築基準法における道路とされる。

　現に建物が建ち並んでいる敷地の前面道路が幅員４ｍ未満であっても、特定行政庁が指定したもの（都市計画区域にある幅員４ｍ未満の道路：建築基準法第42条２項道路）は道路とみなされるが、この場合の道路境界線は、原則として道路中心線から水平距離２ｍ（一方が川や崖地などの場合には川や崖地などから４ｍ）の地点とみなされる。なお、道路中心線から２ｍの地点が道路境界線とみなされたことにより、セットバックが必要となった部分については、建物を建築する敷地としては利用できないため、建蔽率などの建築面積を計算する際の敷地面積には算入されない。

　また、道路幅員が12ｍ未満の場合、法定容積率にかかわらず以下の数値が利用可能な容積の上限となる（条例等により緩和されている場合もある）。
（住居系用途地域）　　　　：前面道路幅員×0.4
（住居系以外の用途地域）：前面道路幅員×0.6
　例えば、法定容積率が300％であっても、住宅系地域で前面道路幅員が５ｍであれば消化可能な容積率は200％が上限となる。

投資目的に応じた土地の活用手法の選択、テナント需要の想定

問13 不動産投資に関する説明のうち、誤っているものはどれですか。

A. 普通借地は、借地借家法の対象となり、契約期間満了後も借地人に賃貸継続意向があれば、基本的に賃貸を継続しなければならない。こうした事態を避けるために、契約期間の満了に伴って借地人が土地を返還しなければならない「定期借地」の契約形態がとられることがある。

B. 不動産投資の収入源はテナントからの賃料である。このため、エリアの特徴、物件固有の特徴、周辺物件における入居者の特性、周辺物件の賃料・稼働率などからテナント需要を想定するというプロセスは不可欠である。

C. 住宅の賃料単価は一般的に、高級タイプ＞単身者・DINKS向け＞ファミリー向けとなる傾向がある。

D. オフィスの賃料単価は、規模の大小にかかわらず固定費が掛かるため、小型（50坪未満）＞中型（50〜100坪）＞大型（100〜200坪）＞大規模（200坪以上）となる傾向がある。

選択肢の説明

A. 適切。「定期借地」は、普通借地と異なり、契約期間の満了に伴って借地人が土地を返還しなければならない契約形態である。食品スーパー、家電量販店、衣料品店などの物販店舗や飲食店舗などの商業テナントへ30年程度の期間で賃貸するような例が代表的である。

B. 適切。例えば、需要見通しが立てやすい賃貸住宅でも、駅から遠いエリアにもかかわらず賃貸住宅供給が過剰となっている、あるいは、都心立地で高級仕様としたものの思ったように賃料がとれないなどのケースも考えられる。業務系・商業系の用途となると、需要・賃料の大幅な変動の可能性も念頭においたより慎重な検証が求められる。

C. 適切。世帯の賃料負担力を勘案した部屋ごとのグロス賃料（額面賃料の総額）でみることも重要である。

D. 不適切。オフィスの賃料単価は、大規模（200坪以上）＞大型（100〜200坪）＞中型（50〜100坪）＞小型（50坪未満）となる傾向がある。

解説　テキスト第2分冊　26頁〜29頁参照

不動産の有効活用を検討する場合、下記のような流れに従って検討を行う。

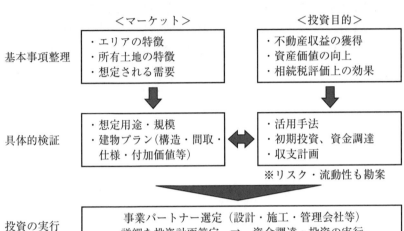

不動産におけるサブリースおよび相続税評価に関する留意点

問14　サブリースおよび相続税評価に関する留意点の記述のうち正しいものはどれですか。

A．サブリースとは、賃貸物件の所有者から建物を一括して借り受けた不動産会社が、建物の各貸室の貸主となって入居者に転貸する方式をいう。サブリースにおいては、殆どの場合、所有者が入居者募集や賃料収受などの賃貸管理に加え、清掃や設備保守などの建物管理を行うことになる。

B．賃貸住宅のサブリースを行う不動産会社が「家賃保証」を謳っている場合、空室の多寡や賃料水準の変動にかかわらず、当初設定した賃料の支払いは保証されている。

C．オーナーが誤解のもとにサブリースの契約を締結し、社会問題化するといった事態が起きたため、「賃貸住宅の管理業務等の適正化に関する法律」が2020年6月に施行された。

D．所有土地に賃貸建物を建てることによる相続税評価減の効果は非常に大きいため、投資そのものの効果を勘案する必要性は小さい。

選択肢の説明

A．不適切。サブリースでは、賃貸管理や建物管理を不動産会社に委託することも多く、手間のかかる管理業務をノウハウのあるプロに任せられるというメリットがある。

B．不適切。賃料は通常2年などの一定期間ごとに賃料改定ができる契約となっており、借地借家法上も借主であるサブリース会社には家賃の減額請求権が認められている。賃料低下、稼働率の低下が起こった場合、将来的には賃料の金額が変更される可能性が高い。

C．適切。「賃貸住宅の管理業務等の適正化に関する法律」には、サブリース業者などを対象とした賃貸住宅管理業に係る登録制度創設、サブリース業者と所有者との間の賃貸借契約（特定賃貸借契約）の適正化のための措置として、不当な勧誘行為の禁止、特定賃貸借契約締結前の重要事項の説明実施などを定める条項が盛り込まれた。

D．不適切。相続税評価減の効果は個人による不動産投資のインセンティブの

一つであるものの、土地上に建てた賃貸物件の入居率が伸びない場合には、資金不足に陥り事業自体が成り立たなくなるリスクがある。テナント需要・収支計画を精査し、土地の特徴に応じた適切な投資を行うことが重要である。

正解　C

解説　テキスト第2分冊　29頁〜33頁参照

サブリースの仕組みは下図のとおりである。

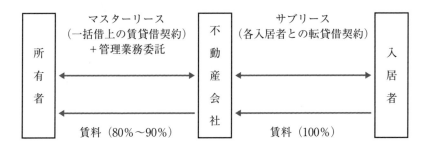

不動産の初期投資に関する留意点

問15　不動産の初期投資に関する記述のうち誤りはどれですか。

A. 事業計画の立案にあたっては、建物計画・投資が妥当なものかどうか、複数の計画提案を比較して決定していくのが一般的である。

B. 建築工事費の坪単価（建築費÷床面積）は、初期投資額を比較検討する際の目安となるが、算出基準は一定ではなく、内容をみる必要がある。

C. 初期投資にあたっては、建築工事費に加え、建築工事関連費（既存建物解体費、設計監理費）、税金（消費税、登録免許税、不動産取得税等）、諸経費（登記費用、測量費用等）等が掛かるが、こうした費用も考慮に入れるべきである。

D. 建築工事費、既存建物解体費、設計管理費には消費税が課税される。賃貸オフィスビルや賃貸店舗ビル、賃貸マンション・アパートの建築に際して支払った消費税については還付を受けられる場合がある。

選択肢の説明

A. 適切。建物全体の計画は当然として、建物の各部分に用いる材料や仕様についても求める建物スペックと投資額のバランスを考慮しながら決定していくことになる。類似実績の情報を収集して比較することも有用である。

B. 適切。分子の建築費については、本体工事費を用いる場合が多いが、付帯工事の一部が含まれた数値となっている場合もある。また分母の床面積についても、延床面積で算出しているのか、施工床面積（法定延床面積には含まれない、屋外廊下やバルコニーなどが含まれている）で算出しているのかで、数値のブレが生じる。

C. 適切。既存建物解体費は、付帯工事費の一部とされることもある。地下躯体がある場合や、建材にアスベストが含まれる場合などでは費用が割高となるほか、地中埋設物や杭の撤去を伴う場合など費用がかさむ場合がある。

D. 不適切。賃貸マンション・アパートの建築に際して支払った消費税については、住宅家賃が非課税売上であることから還付を受けられないものとされている。

正解　D

解説　テキスト第2分冊　33頁～35頁参照

　初期投資の項目に関し、大枠を示せば次のとおりである。

① 所有地上に建物を建築する場合、<u>建築工事費</u>が初期投資の大部分を占めるが、その内訳は大きく、<u>本体工事費</u>（躯体工事・仕上げ工事・設備工事）と<u>付帯工事費</u>（造成・整地、屋外配管、電気引込み、地盤補強、外構・植栽の整備等）に分けられる。なお、建築工事費は、敷地条件、地下工事の有無、地盤の状況、資材価格、人件費などにより変動することを考慮しておくべきである。

② <u>建築工事関連費</u>としては、<u>既存建物解体費</u>、<u>設計管理費</u>がある。

③ <u>税金</u>としては、<u>消費税</u>のほか、<u>登録免許税</u>、<u>不動産取得税</u>、<u>印紙税</u>の負担を考慮に入れておく必要がある。

④ このほか<u>諸経費</u>として、<u>手数料</u>（仲介手数料、融資手数料）、<u>登記費用</u>、<u>測量費用</u>が掛かる。

不動産の収支計画に関する留意点

> **問16　不動産の収支計画に関する記述のうち正しいものはどれですか。**

A．事業主が個人の場合、不動産事業による利益は「不動産所得」とされ、所得税・住民税が課税される。借入金の元本および利子返済額については、損金に計上することができる。

B．減価償却は、建物・設備の取得費を、構造・種類ごとに定められた耐用年数にわたって各年度の費用・損金として分割して計上していく会計税務上の処理であり、キャッシュアウトは発生しない。

C．建物新築当初の稼働が安定した時期に剰余金の出る事業計画であれば、長期的にみても安定した資金収支が期待できる。

D．テナント需要の想定を綿密に行うことにより不動産事業のリスクは低減できることから、リスクシナリオの想定を行う必要はない。

選択肢の説明

A．不適切。借入金については、利子返済額は損金として計上されるが、元本返済額は損金として計上されず、キャッシュフローを圧迫する要因となる。

B．適切。なお、不動産においては、土地は減価償却の対象とならない。

C．不適切。建物新築時は比較的剰余金が出やすい。しかしながら、不動産投資の特性から時間が経つに従い、経年による収入減少・支出増加と税負担の増加により、当初よりもキャッシュフローが圧迫される時期が来ることが想定される。例えば、元利均等返済の場合、損金計上される借入利子返済割合が減少していくほか、減価償却費も設備の償却が終わるタイミングで急減するため、所得が増加し税負担が重くなるからである。こうした中で、長期的な資金収支計画の立案が重要となる。

D．不適切。どれだけ綿密な市場調査を行ったとしても、市況の変動は読み切れるものではなく、賃料・稼働率が下落した場合、金利が上昇した場合などのリスクシナリオを想定し資金収支予想を行っておく必要がある。

正解　B

解説　テキスト第 2 分冊　35頁〜41頁参照

　不動産の損益計算において、「修繕費」は当期の費用（損金）として処理されるのに対し、「資本支出」は損金計上されず、簿価算入し耐用年数にわたって減価償却を行うことになる。不動産においては、建物躯体・設備が対象となり、土地は減価償却の対象とならない。

　償却方法については、かつては定率法も活用されていたが、税制改正により、1998年度以後の建物躯体の減価償却は定額法のみとなり、2016年度以後は、建物付属設備・構造物も含め定額法のみが認められている。定率法は、かつて採用した物件の償却方法として残っているケースはあるが、現在新築したものについては定額法しか認められていない。

　償却期間については、建物の構造・用途ごとに税法上の耐用年数が定められている。住宅の場合、例えば、木造で22年、重量鉄骨造で34年、鉄筋コンクリート造で47年となる。設備の償却は建物の償却に比較して早いため、設備の償却が終わる12〜15年目あたりから所得が増加していく。

　不動産所得金額＝総収入金額－必要経費として算出され、給与所得等の他の所得と合算され総合課税される。

既存の収益不動産を取得する場合の特徴と留意点

問17 既存の収益不動産を取得する場合の特徴と留意点に関する記述のうち、誤っているものはどれですか。

A. 所有土地の有効活用においては、立地・規模・周辺環境などの所与の条件により、投資規模等がある程度規定されるが、既存の収益不動産を取得する場合には、希望に見合う物件さえあれば選択の自由度は高くなる。

B. 既存の収益不動産を取得する場合、既に所有している土地に建物を建設する場合に比べて、土地も新たに取得することとなる分、投資額は大きくなり、資金計画面でも慎重な判断が求められる。

C. 既稼働物件の場合、過去の運用実績（トラックレコード）から、市況悪化時や好況時における稼働や賃料水準もある程度確認したうえで、投資を行うことができる。

D. 既にテナントが入居して支障なく稼働している収益不動産であれば、建物の遵法性には問題はないとみられ確認の必要はない。

選択肢の説明

A. 適切。

B. 適切。土地への投資は償却が発生しない分、建物投資に比べてキャッシュフローへの負担が重くなる場合もあり資金計画面で留意が必要である。また、不動産取得にかかる税金、仲介手数料などの取得コストも小さくなく、当然ながら考慮に入れる必要がある。

C. 適切。トラックレコードを確認することは、賃料下落、空室リスクへの有効な対応策となる。

D. 不適切。既存の収益不動産には遵法性の課題が内在している場合があり、築年が経過している物件ほど、その可能性が高い傾向にある。建築時の検査済証未取得や、竣工後の用途変更や増築による容積率オーバーなどのケースは比較的頻繁に見られ、注意が必要である。

正解　D

解説　テキスト第2分冊　43頁〜44頁参照

　所有土地の有効活用と比較した「既存の収益不動産取得の特徴および留意点」をまとめれば下表のとおりである。

項　目	所有土地の有効活用 （所有土地上での建物建築）	既存の収益不動産 （土地建物）の取得
投資の自由度	立地・用途・投資規模・収益性などが、所有地の所与条件にある程度規定される。	立地・用途・投資規模などの選択の自由度が高い。
必要作業・事務負担	物件探索は不要。事業パートナー選定や建物の企画仕様の決定等、負担は大きい。	希望に見合う物件の探索が必要となるほか、売買にかかる交渉・事務の負担あり。
投資額	建物投資のみであり、土地建物の取得に比べて、借入や資金計画は立てやすい。	取得価格には土地価格も含まれ投資額は大きくなる。売買コストも考慮必要。
収益発生の時期	建設期間中は無収入（諸費用発生）。竣工後も稼働安定までは収入が小さい。	稼働中物件の場合、取得した時点から収益が発生する。
賃料下落・空室リスク	テナント需要は見込みによる場合が多く、リスクシナリオの想定も重要。	稼働中物件の場合、過去実績からリスクを想定した上で投資することができる。
遵法性・建物状況	新築建物であり遵法性に問題なし。良好な建物状態を維持する管理体制を構築。	遵法性の確認は必須。修繕や管理運営状況によっては追加費用発生の可能性あり。

既存不適格建築物および違法建築物

> **問18　既存不適格建築物および違法建築物に関する記述のうち、誤っているものはどれですか。**

A．建築時には各種法規に適合していたが、その後の法改正などで現在の基準に適合しなくなった建物を既存不適格建築物という。

B．建てたときから法に合致していない建築物は、既存不適格建築物ではなく違法建築物となり、建物の価値をかえって損なうことになる。

C．法に定められた容積率の上限一杯の建物を建てた後で、収用等の特別の事情によらず敷地の一部を売却した場合は既存不適格建築物となる。

D．既存不適格建築物は、原則として、建築確認申請を伴う次回の増改築を行う際に合わせて、その時点での建築基準に適合させる必要がある。

選択肢の説明

A．適切。建物を建築する際の法規制には適合していたが、建築改修後の法改正により、結果として現在の法規制に適合しない建築物を「既存不適格建築物」と呼ぶ。「違法建築物」とは異なり合法の状態であり、即座に是正する必要はなく、通常の物件と同様に取引されることも多い。

B．適切。

C．不適切。収用等の特別の事情によらず敷地の一部を売却し、法に適合しなくなった場合は、既存不適格建築物ではなく違法建築物となる。

D．適切。建築確認申請を要するような大規模な改修等を行う場合には、その時点の法規制に適合した形に是正することが求められる場合がある。

正解　C

解説　テキスト第2分冊　44頁〜45頁参照

　建物を自ら建築する場合は法定の手続きに沿って建設を進めれば遵法性の課題は発生しないはずである。一方、既存の建物を取得する場合、遵法性の課題が内在している場合がある。特に築年が経過している物件ほど、その可能性が高い傾向にある。建築時の<u>検査済証</u>の未取得や、竣工後の用途変更、小規模な増築による容積率オーバーなど、遵法性を満たしていないケースが比較的頻繁に見受けられるため、注意が必要である。

　建物を建築する際の法規制には適合していたが、建築改修後の法改正により、結果として現在の法規制に適合しない建築物を、「既存不適格建築物」と呼ぶ。「違法建築物」とは異なり合法の状態であり、即座に是正する必要はなく、通常の物件と同様に取引されることも多い（下表参照）。ただし、建築確認を要するような大規模な改修等を行う場合には、現在の法規制に適合した形に是正することが求められる場合があるので注意が必要である。また、既存不適格の内容によっては、金融機関の融資条件に影響する場合もあり、個別の検証が必要となる。

既存不適格建築物	建築した時点で建築基準法に適合していたが、法改正により現在の基準に適合しなくなった建物をいい、建築確認申請を伴う次回の増改築の際に建築基準法に適合させればよいとされている。
違法建築物	建築した時点で建築基準法に適合していない建物や、建築後に建築基準法や関連法規に適合しない行為を行った建物をいう。違法建築物は、「違法でない状態」に戻さなければ、増改築の申請はできない。

テナントからの貸室賃料収入

> **問19　不動産収入の内容を精査する場合の視点に関する記述のうち正しいものはどれですか。**

A．定期借家契約は契約期間満了に伴い終了する契約である一方、契約期間内においては解約されることがない。

B．既存のテナントとの賃貸借契約に基づく賃料は変動しにくい（不動産賃料の「粘着性」と呼ばれる）傾向があるため、現状の賃料と周辺の相場賃料とを比較する意味はあまりない。

C．賃料水準をみる際には、歩合賃料、フリーレント、段階賃料などの特殊な賃料形態の場合があることに注意する必要がある。

D．既存の収益不動産の取得検討にあたっては、現テナントの賃料水準が重要であり、過去の賃料・稼働の推移を把握する必要はない。

選択肢の説明

A．不適切。定期借家契約であっても、特約により解約の場合の取決めがなされている場合もあり、契約内容を精査することが必要である。

B．不適切。現況賃料の水準と周辺の相場賃料の両方を把握し比較しておく必要がある。相場賃料は、テナント退去に伴う新規入居や、既存テナントとの賃料交渉時の賃料決定における重要な要素となる。

C．適切。歩合賃料とは、商業施設のようにテナント店舗売上に応じて取り決められた賃料をいう。また入居当初から一定の賃料免除期間（フリーレント期間）が設定されている場合もある。

D．不適切。過去の好況時・不況時における稼働状況・賃料水準や、空室が出た場合の埋め戻しまでの期間などのトラックレコードは、物件の実力を測り、長期的な収支見通しを立てるための材料となる。

正解　C

解説 テキスト第2分冊　45頁～48頁参照

収益不動産の収支を見るうえでの留意点をまとめれば下表のとおりである。

項　　目	ポイント
賃貸借契約の内容	普通借家契約・定期借家契約／契約期間
相場賃料との比較	相場賃料を踏まえた評価
特殊な賃料形態	歩合賃料／フリーレント・段階賃料
過去のトラックレコード	賃料稼働推移／稼働状況悪化時の回復力
テナント数	1テナントへの依存度が高い場合には注意
テナントの属性・賃料負担力	支払賃料源泉の安定性・負担力／信用力
入居継続の蓋然性	入居理由／退去・減賃等の意向有無
運営経費の内容	経費率／マスターリース／管理会社
大規模修繕の履歴	大規模修繕の実施有無／修繕計画

収益不動産の運営経費と不動産投資の出口戦略（売却想定）

問20　収益不動産の運営経費と不動産投資の出口戦略に関する記述のうち、正しいものはどれですか。

A. 収益不動産の大規模修繕は築年の経過に応じて必要な時期に実施されているのが一般的であり、修繕状況は取得価格に関係しない。

B. 不動産売却時の税金や諸費用は大きな金額となることがあり、収益不動産の売却検討にあたっては十分に考慮する必要がある。

C. 不動産売却により利益が出る場合、譲渡所得に対して所得税・住民税が課税される。不動産を売却した年の1月1日時点で所有期間が10年を超えている場合は長期譲渡所得、10年以下の場合は短期譲渡所得となり税率が異なる。

D. 不動産投資において出口戦略（売却）を見据えると、利回りの高い物件を取得しておくことが重要である。

選択肢の説明

A. 不適切。大規模修繕は、一般的に行われるべき時期に必ずしも実施されているとは限らない。特に、外壁補修・屋上防水・設備更新（電気設備、空調設備、水回り）などは多額の支出を伴うため、今後必要となる大規模修繕を想定し、取得価格に反映させることが重要である。

B. 適切。

C. 不適切。所有期間が5年を超えている場合は長期譲渡所得、5年以下の場合は短期譲渡所得となり、前者には20.315％、後者には39.63％の税率で課税される（復興特別所得税を含む）。

D. 不適切。利回りの高い物件は、利回りの低い物件に比べて、収益・資産価値の安定性や流動性の面でリスクを抱えているのが通常である。出口戦略（売却）を見据えると、利回りとのバランスを見ながら、流動性が高く資産価値の落ちにくい物件を選定するという観点が重要である。

| 正解 | B |

解説　テキスト第2分冊　48頁〜53頁参照

利回り（価格）とリスク（安定性・流動性）の関係は下表のとおりである。

利回り （価格）	利回り低い （価格高い）	←→		利回り高い （価格安い）
リスク （安定性） （流動性）	リスク低い （収益・資産価値が安定） （流動性が高い）	←→		リスク高い （下落リスク高い） （流動性が低い）
エリア	東京	大阪・名古屋	地方中枢都市	地方都市
交通	駅直結	駅近	駅距離有	バス便
用途	住宅オフィス	都心型商業	物流・ホテル	郊外型商業
築年	新築	築浅	築年経過	旧耐震基準
構造	RC造・SRC造	S造		木造
権利	完全所有権	他権利者有(区分所有・共有／借地権・底地)		
汎用性	高い	低い（1棟借テナント仕様など）		
遵法性	課題なし	既存不適格物件		違法物件
住戸タイプ	ワンルーム	ファミリー	高級	戸建
基準階面積	大規模（200坪以上）	大型	中型	小型（50坪未満）
環境対応	環境認証取得	環境配慮		配慮なし

投資判断指標の特徴と使い分け1

問21　投資判断指標に関する記述のうち正しいものはどれですか。

A．表面利回りは、収益不動産から得られる純収益（年間収入から、管理費・修繕費・公租公課・損害保険料などの運営経費を差し引いた金額）の物件価格に対する割合をいう。

B．表面利回りが同じ2つの物件がある場合、実質利回りも同じ水準になると考えられるため、2物件の収益性は同程度であるといえる。

C．同じ物件への投資であれば、ROI（投資利益率）やCCR（自己資金収益率）の数値もほぼ同程度であるといえる。

D．時間価値を考慮した指標であるNPVを算出する過程において、金額（絶対額）が同じ収入であっても、現在価値に割り引いた場合には、10年後の収入より5年後の収入の価値の方が必ず高くなる。

選択肢の説明

A．不適切。実質利回りの説明となっている。表面利回りは、年間収入（満室想定時）の投資金額に対する割合を示す利回りである。

B．不適切。運営費用は物件によって個別性があるため、表面利回りが同じであっても実質利回りは異なるものであり、各物件の収益率をより精緻にみるには、実質利回りで考えるべきである。

C．不適切。同じ物件への投資であっても、資金調達の条件等によってROI（投資利益率）やCCR（自己資金収益率）の数値は異なってくる。

D．適切。将来の収入金額を現在価値に割り引く際には、その金額に「$1 / (1 + 割引率)^{年数}$」を乗じて計算する。通常、割引率はプラスであるため、金額が同じであれば年数が少ないほど現在価値は高くなる。

正解　D

解説　テキスト第2分冊　56頁〜61頁参照

主たる投資判断指標は下記のとおりである。

(1)　物件自体の収益性を表す利回り指標

①　表面利回り（グロス利回り）：「収入」÷「物件価格」
　　年間収入の投資金額に対する割合を表面利回りという。グロス利回りとも呼ばれる。

②　実質利回り（ネット利回り）：「純収益（＝収入－支出）」÷「物件価格」
　　純収益（年間収入から、管理費・修繕費・公租公課・損害保険料などの運営経費を差し引いた金額）の物件価格に対する割合を実質利回りという。ネット利回り、あるいはNOI（Net Operating Income）利回り、キャップレートなどとも呼ばれる。

③　NCF利回り：「NCF（Net Cash Flow）」÷「物件価格」
　　不動産鑑定評価における収益還元法（直接還元法）の還元利回りとして用いられることが多い。

(2)　取得時の資金調達・借入返済を考慮した指標

①　ROI（Return On Investment：投資利益率）：
　　「年間キャッシュフロー」÷「投資金額（自己資金＋借入金）」

②　CCR（Cash On Cash Return：自己資金収益率）：
　　「年間キャッシュフロー」÷「自己資金」

(3)　時間価値を考慮した指標

①　NPV（Net Present Value：正味現在価値）
　　投資想定期間中のキャッシュフローを、その発生時期に応じて適切な割引率で割り引いた割引現在価値の合計の値。NPVがプラスかどうかで投資可否を判断する考え方。

②　IRR（Internal Rate of Return：内部収益率）
　　IRRは、NPV＝0となる割引率。

投資判断指標の特徴と使い分け 2

問22　投資判断指標に関する記述のうち誤りはどれですか。

A．表面利回りはグロス利回りとも呼ばれ、実務では利用価値が低い。

B．NOI利回りは、純収益ベースでみた実質利回りを示す。

C．表面利回りよりも、実質利回りの方が、収益性をより精緻にみた指標といえる。

D．IRR（内部収益率）は、NPVがゼロとなる割引率である。

選択肢の説明

A．不適切。表面利回りは、大まかにどの程度の収入が得られるかを把握する一つの目安として活用されている。

B．適切。NOI利回りは純収益（年間収入から、管理費・修繕費・公租公課・損害保険料などの運営経費を差し引いた金額）の物件価格に対する実質利回りであり、キャップレートなどとも呼ばれる。

C．適切。収益不動産の運営経費は物件によって個別性があるため、各物件の収益率を精緻にみるには、運営経費を反映した実質利回りで考えるべきである。

D．適切。IRRは企業が投資判断をする際によく使われる考え方である。

正解　A

解説　テキスト第2分冊　56頁〜61頁参照

　各投資判断指標の説明は、問21の解説参照。

不動産の公的な価格指標

問23　不動産の公的な価格指標について、正しいものはどれですか。

A．公示地価は、一般の土地取引の指標として公示される価格で、国土交通省の土地鑑定委員会により、毎年1月1日現在における1㎡当たりの更地の価格として3月下旬に公表される。

B．基準地標準地価は、公示地価を補完する目的で、毎年4月1日現在の土地の価格として9月下旬に公表される。

C．相続税路線価は、相続税や贈与税を計算する際の基礎となる価格で、毎年1月1日現在の価格が7月上旬に国税局より公表され、その価格は公示地価の概ね70％相当とされる。

D．固定資産税評価額は、固定資産税などを計算する際の基礎となる価格で、市町村により毎年評価替えが行われ、その価格は公示地価の概ね80％相当水準とされる。

選択肢の説明

A．適切。地価の公示地価は、一般の土地取引の指標として公示される標準地の価格のことで、国土交通省の土地鑑定委員会が毎年1月1日現在の土地の価格を3月下旬に公表している。価格は更地1㎡当たりの価格を示している。

B．不適切。都道府県が地価調査する基準地標準地価とは、公示価格を補完する目的で公表される標準地の価格で、都道府県が毎年7月1日現在の標準地の価格を9月下旬に公表するものである。

C．不適切。相続税路線価とは、相続税や贈与税を計算する際の基礎となる価格であり、国税局が毎年1月1日現在の価格を7月上旬に公表するものである。なお、相続税路線価は、公示地価の概ね80％を価格水準の目安としている。

D．不適切。固定資産税評価額は、固定資産税や登録免許税などを計算する際の基礎となる価格であり、原則として、3年ごとの基準年度において市町村により評価替えが行われ、その価格は公示地価の概ね70％を目安としている。

正解　A

解説　テキスト第2分冊　62頁～63頁参照

　不動産の公的評価については、公示地価、基準地標準地価、相続税路線価、固定資産税評価額の4種類があり、その詳細は次のとおりである。

	公示地価	基準地標準地価	相続税路線価	固定資産税評価額
内　容	一般の土地取引の指標として公示される標準地の価格 公示地価が示されるポイントは限定的であるため、対象となる不動産の近隣であっても用途地域や容積率など基本的条件が異なれば価格も異なる	公示価格を補完する目的で公表される標準地の価格	相続税や贈与税の算出の基礎となる価格	固定資産税・都市計画税・不動産取得税・登録免許税などの算出の基礎となる価格
決定機関	国土交通省	都道府県知事	国税局長	市町村長
評価時点	毎年1月1日	毎年7月1日	毎年1月1日	評価年度の前年の1月1日（3年に1回）
公表日	3月下旬	9月下旬	7月1日	4月1日
公示地価に対する比率	－	－	約80%	約70%
閲覧公表場所	市町村役場および国土交通省のホームページ	市町村役場および都道府県のホームページ	税務署および国税庁のホームページ	市町村役場所有者および利害関係者のみ閲覧可

不動産価格をみる場合の留意点

> ### 問24　不動産価格をみる場合の留意点に関する記述のうち正しいものはどれですか。

A. 消化できる容積率を満たしていない建物や、本来適した用途とは異なる用途で使われている不動産であっても、「収益価格」（＝純収益÷利回り）を算出すれば、不動産本来の価値を見誤ることはない。

B. 公示地価が示されている地点の近隣における不動産の取引価格（㎡当たりの単価）は、殆どの場合、公示地価の水準と一致する。

C. 公的指標の価格水準と、実際の取引価格である「時価」とは一致するケースが多く、特に投資用物件の取引価格については、公示地価、路線価等の公的な目安となる価格水準に収斂することが殆どである。

D. 公的な価格指標を活用する際には、その遅行性に留意する必要があり、都道府県が公表する「都道府県地価調査」（7月時点の価格を9月に公表）や国土交通省が四半期ごとに発表する「地価LOOKレポート」等の指標と併せてみることが有用である。

選択肢の説明

A. 不適切。容積率未消化の建物や最も収益をあげる用途とは異なる用途で使われている不動産、あるいは建物設備の陳腐化等の要因で収益が低下している場合があり、こうしたケースでは、「収益価格」だけでなく「土地そのものの資産価値」（資産性）に着目することが重要である。

B. 不適切。近隣であっても用途地域や容積率など基本的な条件が異なれば価格も異なる。また、条件が近い場合であっても、公示地価と実際の不動産取引の価格には乖離がある場合も多い。

C. 不適切。実際の取引価格である「時価」とは乖離があるケースも多く、特に投資用物件については、公示地価、路線価などの公的な目安となる価格水準を上回る水準での取引もみられる。物件を取得できる買主は一人だけであり、他の買主候補よりも高い水準の価格を呈示することで取引が成立すると考えられるからである。

D. 適切。公示地価と同様の手法で決定した価格を都道府県が公表する「都道

府県地価調査」（７月時点の価格を９月に公表）は、地点は異なるが、公示地価の価格時点からの時点修正に有用である。また、国土交通省が四半期ごとに発表する「地価LOOKレポート」は、具体的な価格ではないが、「下落・やや下落・横ばい・やや上昇・上昇」の５段階評価とすることで、よりタイムリーに不動産価格の動きを発表している。

正解　D

解説　テキスト第２分冊　61頁〜63頁参照

　次のようなケースでは、現状の収益だけを見ていると不動産本来の価値を見誤る場合がある。

・本来消化できる容積率500％の土地上に200％分の建物しか建っていない
・本来適した（最も収益をあげる）用途とは異なる用途で使われている
・賃貸建物の築年経過によりテナント需要が伸びず低収益に留まっている
・建替時期が近いが既存不適格であり建替えた場合には現状より小さい規模の建物しか建たない

　また、現状の使い方に上記のような課題がなくても、アクシデントや社会環境の変化、築年経過に伴う建物設備の陳腐化などによっていずれ収益が低下することも考えておく必要があり、その場合には「土地そのものの資産価値」が重要となってくる。

レバレッジ効果と借入比率

> **問25　レバレッジ効果と借入比率に関する記述のうち、誤っているものはどれですか。**

A．投資対象物件の収益率が借入金利を上回る場合、借入割合を増やすことにより、投下した自己資金に対する利回りを高めることができる。この効果を「レバレッジ効果」と呼ぶ。

B．不動産価格に対する負債の割合を示す数値をLTV（Loan to Value：借入比率）という。「借入金額」÷「不動産の評価額」で算出され、この数値が小さいほど、負債の元本償還に対する安全性が高いといえる。

C．収益不動産に投資する際の資金計画においては、借入を増やすほど、投資した自己資金に対する利回りが向上する傾向にあるから、借入は可能な限り増やす方がよい。

D．LTVが高まるにつれて自己資金の投資効率を示すCCR（Cash On Cash Return：自己資金収益率）の数値は向上するが、事業全体としてみると、借入金返済負担が重くなりROI（Return On Investment：投資利益率）が低下するほか、資金繰りの危険度が増すことになる。

選択肢の説明

A．適切。借入割合を増やすことにより、投下した自己資金に対する利回りを高めることができる一方、借入金の返済という固定的支出が増加し、事業リスクが高まる点には留意が必要である。

B．適切。LTVが高くなると、事業リスクは高まる一方、借入によって少ない自己資金で投資効率を向上させる効果（レバレッジ効果）を享受できる。逆にLTVが低ければ事業の安全性は高いが、レバレッジ効果は小さい。

C．不適切。借入比率が高くなると、少ない自己資金で投資効率を向上させる効果（レバレッジ効果）を享受できる一方で、事業リスクは高まる。投資目的（リスクとリターンのバランスや、借入に対する考え方等）に応じた借入比率の適切な設定が重要となる。

D．適切。

正解　C

解説 テキスト第2分冊 64頁〜66頁参照

不動産ファイナンスの基本事項

> **問26　不動産ファイナンスの基本事項に関する記述のうち、誤っているものはどれですか。**

A．金融機関が不動産を担保とした融資を検討する場合、万一の場合における担保不動産の資金化が前提となることから、短期間での売却が可能かという観点からも担保としての適格性が判断される。

B．借入金の返済を元利均等返済とするメリットとして、事業開始当初における返済額が元金均等返済に比べて抑えられる点がある。

C．投資対象の建物の構造や築年は、借入金の借入期間に影響しない。

D．DSCR（Debt Service Coverage Ratio：借入償還余裕率）は借入返済の余裕がどの程度あるかを示す指標であり、この値が1.0を切ると、収益不動産のNOI（Net Operating Income：純収益）からだけでは返済がしきれない状態であることを示す。

選択肢の説明

A．適切。再建築ができない物件や、遵法性に課題がある場合などは、担保の対象とならない可能性もある。

B．適切。元利均等返済は、毎回の元利（元金と利息）の合計返済額が同額となるように返済していく方法である。返済開始当初は利息部分が大きく元金部分が小さいが、徐々に利息部分が減り元金部分が増えていく。元金均等返済と比較して、借入元金の返済ペースが遅いことから、全体としての利子返済額は大きくなる一方、元金が残ることから相続が発生した場合の債務控除が大きいという側面もある。

C．不適切。借入をおこす個人の属性や、建物の構造・築年を勘案した金融機関ごとの基準に沿って借入期間が設定されるものと考えられる。必ずしも法定耐用年数が借入期間の上限となるものではないが、残存耐用年数は一つの目安となる。

D．適切。

正解　C

解説　テキスト第2分冊　66頁〜69頁参照

　不動産のファイナンスにあたっては、①固定金利調達、変動金利調達、②借入期間、③元金均等返済と元利金均等返済、などのメリット、デメリットに関し慎重に検討を行う必要がある。

　一方、金融機関は不動産投資を行う主体への貸し出しにあたっては、①不動産の担保価値の評価、②賃貸不動産の収益性（キャッシュフロー）に基づき融資の可否・条件を判断するほか、③事業主の属性（対象不動産以外の収入や保有資産、年齢など）も考慮する。

　金融機関は、賃貸不動産の事業収支を踏まえて返済が滞りなく行われるかどうかを、空室・賃料下落による収入減少のリスクも踏まえて判断する。返済の余裕度を判断する指標として、下記のDSCRなどの指標が参考になる。

　DSCR（Debt Service Coverage Ratio：借入償還余裕率）とは、借入返済にどの程度余裕があるかを示す指標であり、「元利金返済前のキャッシュフロー」÷「返済総額（元金＋利息）」で算出される。

　分子はNOI（純収益）とも呼ばれ、利払い前・税引き前・償却前の利益とも言い換えられる。DSCRは純収益が元利返済額の何倍にあたるかを示す数値であり、DSCRが1.0を上回り大きい数値になればなるほど、返済に余裕があり、逆にDSCRが1.0を切るときは、分子が分母を下回る状態、つまりキャッシュフローが返済額を下回る状態となり、一部返済ができないことを示している。

第3編

資産の承継・管理

相続と贈与

問27　相続および贈与に関する記述のうち正しいものはどれですか。

A．相続は人の死亡により開始するものであり、失踪宣告により法律上死亡とみなされた場合は含まれない。

B．贈与は、当事者の一方が自己の財産を無償で相手方に与える意思表示をし、相手方がこれを受諾することによって成立する契約をいう。

C．書面によらない贈与については、贈与の時期は、履行（贈与の実行）された時となるが、一旦贈与契約が成立している以上、解除（撤回）することはできない。

D．「死因贈与」とは、遺言により自己の財産を他人に与える「遺贈」のことをいう。

選択肢の説明

A．不適切。相続は、人の死亡により開始し、この死亡には、失踪宣告により法律上死亡とみなされた場合も含まれる。失踪宣告とは、生死不明の者の利害関係人（配偶者、相続人にあたる者等）が家庭裁判所に申し立てをすることによって、生死不明の者を法律上死亡したものとしてみなす制度である。

B．適切。贈与とは、当事者の一方が自己の財産を無償で相手方に与える意思表示をし、相手方がこれを受諾することによって成立する契約をいう。

C．不適切。書面によらない贈与については、贈与の時期は、履行（贈与の実行）された時となるが、履行の終わらない部分については、いつでも解除（撤回）することができる。

D．不適切。死因贈与と遺贈は似ているが、前者が受贈者の意思表示を必要とする一方、後者は遺言者の一方的な意思表示で成立する点で異なる。

正解　B

解説　テキスト第2分冊　74頁〜76頁参照

相続の基本用語を確認すると下表のとおりである。

用　語	内　容
被相続人	死亡した人
相続人	（実際に）相続により遺産を取得した者
法定相続人	相続する権利を有する者として民法で定められた者

　贈与とは、当事者の一方から相手方に無償で財産を与える契約であり、贈与者と受贈者の合意のみで成立するが、贈与はあくまで契約であるため、相手方に受諾する意思表示が必要となる。また贈与は、約束だけで成立する契約（諾成契約）であり、口頭でも贈与は成立するが、書面によらない贈与は、履行の終わった部分を除き、各当事者がいつでも解除（撤回）することができる。

　死因贈与は、遺贈によく似ている。遺贈とは、遺言によって、自己の財産を無償で他人に与えることをいい、遺贈により財産を与える人を遺贈者、財産を承継する人を受遺者という。その特徴および個人間における財産の承継方法をまとめると下表のとおりである。

	死因贈与	遺贈
財産を承継する者	法定相続人以外も可	
効力の発生時期	贈与者または遺贈者の死亡時	
課される税区分	（贈与税ではなく）相続税	
書面化の要否	口頭でも書面でも可	原則、遺言書が必要
相手方の意思表示の要否	要／受贈者との合意によって成立する	否／遺言者の一方的な意思表示で成立する

承継方法	対価	税区分	承継元	承継先	当事者の意思
相続	無償	相続税	被相続人	相続人	－
遺贈			遺贈者	受遺者	遺贈者の意思
死因贈与			贈与者	受遺者	双方の意思
普通贈与		贈与税			

相続人の範囲 1

問28　相続人の範囲に関する記述のうち正しいものはどれですか。

A．被相続人の兄弟姉妹が相続人となった場合、父親は同じながら母親が異なる兄弟姉妹には相続権はない。

B．相続人が相続放棄を行った場合、その者の子が相続権を代襲して相続人となる。

C．被相続人の配偶者は常に相続人となるが、婚姻届を提出していない内縁の配偶者には相続権はない。

D．被相続人の子供Xが、被相続人よりも先に死亡している場合には、Xの配偶者が相続人となる。

選択肢の説明

A．不適切。兄弟姉妹が相続人となる場合には、その兄弟姉妹は、いわゆる「半血」「全血」にかかわらず相続人となる。

B．不適切。相続放棄は代襲相続・再代襲相続原因にはならないため、代襲相続は発生しない。

C．適切。

D．不適切。Xの配偶者は相続人とはならない。X（被代襲者）の直系卑属がXの受取るはずであった相続分を代襲相続する。

正解　C

解説　テキスト第2分冊　77頁〜80頁参照

相続人の範囲および順位は下記のとおりである。

① 婚姻…法律婚の夫婦には相続権がある一方、事実婚等の夫婦には相続権は
ない。

② 親子関係…法律婚の夫婦から生まれた子（嫡出子）には、父母の相続権が
当然に認められるが、それ以外の子（非嫡出子）には、父の相続権は当然
には認められておらず、父が子を認知すれば、認知された非嫡出子は父の
相続権を得ることとなる。また法律上の親子関係を結ぶことを養子縁組と
いい、養子は養子縁組をした日から養親の嫡出子としての身分を得る。養
子には普通養子と特別養子があり、普通養子は養子縁組後も実親方の血族
と親族関係が継続する一方、特別養子は特別養子制度（1988年1月1日か
ら施行）に基づく養子であり、特別養子縁組後は養子と実親方の血族との
親族関係を終了させることとなる。
これらをまとめると下表のとおりとなる。

実子	嫡出子（法律婚）		父母の相続権あり
	非嫡出子	認知を受けた子	父母の相続権あり
		認知を受けていない子	母の相続権のみあり
養子	普通養子		実親と養親の相続権あり
	特別養子		養親の相続権あり

相続人になれる<u>優先順位</u>、および<u>代襲相続</u>の要件は下表のとおりである。

【相続人の優先順位】

順　位	相続人となる者	左記の者の代襲相続人
常に相続人	配偶者	－
第1順位	子（直系卑属）	孫（再代襲も認められる）
第2順位	父母（直系尊属）	－
第3順位	兄弟姉妹	甥、姪

【代襲相続・再代襲相続】

代襲相続	被相続人の子が相続開始以前に死亡・相続欠格（事由に該当）・廃除により相続権を失ったときは、その者の子が相続権を代襲して相続人となる。
再代襲相続	代襲者が相続開始以前に死亡・相続欠格（事由に該当）・廃除により相続権を失った場合は、その代襲者の子が相続権を代襲して相続人となる。

　第3順位の相続人（兄弟姉妹）には代襲相続は認められているが、再代襲相続は認められていない。これに対し、第1順位の相続人（直系卑属）の者には再代襲や再々代襲相続が認められている。

相続人の範囲 2

問29　相続人の範囲に関する記述のうち誤っているものはどれですか。

A．被相続人の非嫡出子ながら認知を受けた子。

B．被相続人の特別養子。

C．被相続人の実子が相続を放棄した場合におけるその子供の直系卑属。

D．被相続人の実子が欠格により相続権を喪失した場合におけるその子供の直系卑属。

選択肢の説明

A．適切。認知を受けた子は父母の相続権があるが、認知を受けていない子には母の相続権しかない。

B．適切。特別養子には養親の相続権はあるが、実親の相続権はない。

C．不適切。相続放棄は代襲相続・再代襲相続原因にはならないため、代襲相続は発生しない。

D．適切。被相続人の子が相続開始以前に死亡・相続欠格（事由に該当）・廃除により相続権を失ったときは、その者の直系卑属が（再）代襲相続する。

正解　C

解説　テキスト第2分冊　77頁〜80頁参照

「欠格および廃除」（下表）に該当する相続人は、相続開始前に相続権を喪失する。

欠格	① 故意に被相続人または相続について先順位もしくは同順位にある者を死亡するに至らせ、または至らせようとしたために、刑に処せられた者。 ② 被相続人の殺害されたことを知って、これを告発せず、または告訴しなかった者。 ③ 詐欺または強迫によって、被相続人に相続に関する遺言をし、撤回し、取り消し、または変更することを妨げた者。 ④ 詐欺または強迫によって、被相続人に相続に関する遺言をさせ、撤回させ、取り消させ、または変更させた者。 ⑤ 相続に関する被相続人の遺言書を偽造し、変造し、破棄し、または隠匿した者。
廃除	遺留分を有する推定相続人（相続が開始した場合に相続人となるべき者をいう）が、被相続人に対して虐待をし、もしくはこれに重大な侮辱を加えたとき、または推定相続人にその他の著しい非行があったとき。

養子

問30　養子に関する次の記述のうち、正しくないものはどれですか。

A．民法上、被相続人の子については、嫡出子・非嫡出子、実子・養子の別を問わず、同順位で被相続人に対して相続権を有する。

B．普通養子は、実親および養親に対する相続権を有するが、特別養子は、養親に対する相続権のみ有する。

C．相続税法上、法定相続人に含めることのできる養子の数は、実子がいる場合には1人、実子がいない場合には2人までである。

D．相続税の2割加算は、被相続人の配偶者、子（代襲相続人である孫を含む）、父母、兄弟姉妹が財産を取得した場合には適用されないが、兄弟姉妹の代襲相続人や祖父母、代襲相続人でない孫等が財産を取得した場合に適用される。

選択肢の説明

A．適切。民法上、被相続人の子については、嫡出子・非嫡出子、実子・養子の別を問わず、同順位で被相続人に対して相続権（相続分も同等）を有する。

B．適切。普通養子は、実親および養親の両方に対して相続権を有するが、特別養子は、実親との親族関係はなくなるため、養親に対する相続権のみ有する。

C．適切。相続税法上は、法定相続人に含めることのできる養子の数に制限があり、実子がいる場合には1人、実子がいない場合には2人までである。

D．不適切。相続税の2割加算は、被相続人の配偶者、子、父母、代襲相続人となった孫には適用されないが、それ以外の者（祖父母、兄弟姉妹、代襲相続人でない孫など）が財産を取得した場合に適用される。

正解　D

　養子は、民法上の取り扱いと相続税法上の取り扱いが異なる点があり、その主な内容は次のとおりである。

　民法上、養子には「普通養子」と「特別養子」があり、普通養子は、実親との親子関係を残したまま、養親との親子関係となる縁組のことをいい、実親および養親の両方に対して相続権を有する。特別養子は、家庭裁判所の審判により、実親との親族関係はなくなるため、養親に対しての相続権は有するが、実親に対しての相続権は有していない。なお、民法上は、被相続人の子については、嫡出子・非嫡出子、実子・養子の別を問わず、同順位で被相続人に対して相続権（相続分も同等）を有する。

　相続税では、相続税の基礎控除額などを算定する際の法定相続人に含めることのできる養子の数に制限があり、実子がいる場合には1人、実子がいない場合には2人までである。

　また、「配偶者および1親等の血族（代襲相続人となった孫を含む）」以外の者が相続により財産を取得した場合には、相続税の2割加算が適用される。

相続権の承認・放棄

> **問31　相続権の承認・放棄に関する記述のうち正しいものはどれですか。**

A．相続人が相続の開始があったことを知った時から1年以内に限定承認または相続の放棄をしなかったときは、相続人は被相続人の相続財産および債務のすべてを承継する。

B．相続によって得た財産の限度においてのみ、被相続人の債務等を承継したい相続人は、定められた期限までに、限定承認に関する手続きを進める必要がある。

C．限定承認手続きは、相続財産目録を作成のうえ、それを家庭裁判所に提出し、限定承認を受ける旨の申述を行えば効果が発生する。

D．相続放棄は家庭裁判所に請求せずに、遺産分割協議で財産を取得しない方法を採ることが実務上多く行われており、これにより債務についても放棄を行うことが可能となる。

選択肢の説明

A．不適切。相続の開始があったことを知った時から「1年以内」は誤りであり、正しくは「3か月以内」である。

B．適切。

C．不適切。家庭裁判所への申述に加え、相続人全員の合意が必要となる。

D．不適切。家庭裁判所に請求せずに遺産分割協議で財産を取得しないことも可能であるが、この場合、債務については、原則として、各相続人が法定相続分に応じて負担することになるので注意が必要である。

正解　B

解説　テキスト第2分冊　79頁〜80頁参照

相続権の承認・放棄の効果および主な手続は下表のとおりである。

	効　果	主な手続
単純承認	被相続人の相続財産および債務のすべてを承継する。 ※右記①〜③に掲げる場合には、相続人は単純承認をしたものとみなす。	①　相続人が限定承認・相続放棄を選択する前に相続財産の全部または一部を処分したとき。 ②　相続人が相続の開始があったことを知った時から3か月以内に限定承認または相続の放棄をしなかったとき。 ③　相続人が限定承認または相続の放棄をした後に、相続財産の全部または一部を隠匿し、ひそかにこれを消費し、または悪意でこれを相続財産目録に記載しなかったとき。
限定承認	相続によって得た財産の限度においてのみ、被相続人の債務等を承継する。	相続人が相続の開始があったことを知った時から3か月以内に相続財産目録を作成し、家庭裁判所に提出し、限定承認を受ける旨を申述する。相続人全員の合意が必要。
相続放棄	被相続人の相続財産および債務のすべてを承継しない。	相続人が相続の開始があったことを知った時から3か月以内に、家庭裁判所に、相続放棄する旨を申述する。相続人単独で手続が可能。

相続財産の範囲

問32　遺産分割協議の対象となる相続財産として正しいものはどれですか。

A．使用貸借契約における借主の地位

B．特定の相続人に対して支払われる死亡退職金

C．預貯金債権

D．特定の相続人である保険契約の受取人に対して支払われる死亡保険金

選択肢の説明

A．不適切。使用貸借契約における借主の地位は、借主である被相続人の一身専属権とされている。使用貸借は、原則、借主の死亡によりその効力を失うため（民法第597条）、遺産分割協議の対象である相続財産とはならない。

B．不適切。被相続人が死亡した場合、法令または退職給与規定等に基づき、本来は、被相続人に支払われるべき退職手当金等が、遺族に支払われることがある。この退職手当金等（死亡退職金）については、受給権者である遺族が、相続人としてではなく、固有の権利として取得するものであり、相続財産にはならないと解されている。しかし、実質的には、相続または遺贈による財産（本来の相続財産）の取得と同様の経済的価値があると認められることから、これを相続または遺贈による財産の取得とみなして、相続税の対象としている。

C．適切。問題文のとおり遺産分割協議の対象となる相続財産である。

D．不適切。生命保険金請求権は、保険契約によって生じる保険金受取人の固有の権利であり、相続開始時に被相続人に帰属していた財産ではないため、遺産分割協議の対象となる相続財産には含まれないとされている。しかし、被相続人が保険料を負担している場合には、その負担部分に見合う保険金については、実質的には、相続または遺贈による財産の取得と同様の経済的価値があると認められることから、税負担の公平を図るため、これを相続または遺贈による財産の取得とみなして、相続税の対象としている。

正解　C

解説　テキスト第2分冊　80頁〜83頁参照

　民法では、相続の対象となる財産のことを「相続財産」という。相続財産には、積極財産（物・権利）のほか、消極財産（債務）も含まれるが、被相続人の一身に専属したもの、および祭祀財産については、相続の対象外となる。

一身専属権	年金受給権、生活保護受給権、国家資格、代理権、使用貸借契約における借主の地位等
祭祀財産	位牌、仏壇、墓石、墓地等

（注）　貸借権は相続財産である。

　相続税の課税財産は、原則として、民法上の相続または遺贈という形式により取得した財産（「本来の相続財産」という）である。その一方、民法上の相続または遺贈により取得した財産ではないが、実質的にこれと同様の経済的効果があると認められる結果、相続または遺贈により取得したものとみなされ、相続税の課税財産となるもの（「みなし相続財産」という）がある。

　みなし相続財産には、生命保険金、退職手当金等がある。

法定相続分

> **問33** 被相続人Xには、配偶者Yと、父のみを同じくする兄Z、父母を同じくする弟Wがいる。Xには子供がなく、直系尊属も既に死亡している。この時、弟Wの法定相続分は次のどれになりますか。

A. 1／3

B. 1／4

C. 1／6

D. 1／12

選択肢の説明

　相続人は配偶者Yと兄弟姉妹のZ、W（第3順位）であることから、配偶者Yの相続分は3／4となり、配偶者以外（兄弟姉妹）の法定相続分は1／4となる。次に半血である兄Zの相続分は全血である弟Wの相続分の1／2となる。

　したがって、弟Wの相続分は1／4×2／3＝1／6となる。

正解　C

解説　テキスト第2分冊　83頁〜85頁参照

　相続人が複数いる場合に、相続財産を承継する割合を相続分といい、民法で定める相続分のことを法定相続分という。

　法定相続分を計算するにあたっては、次の手順を踏む。①誰が相続人になるか判定する、②配偶者がいる場合には配偶者の相続分を先に求める、③血族相続人の相続分は、1から配偶者の相続分を差し引いて求める。法定相続分の計算事例は下表のとおりである。

ケース	配偶者	配偶者以外
配偶者と子（第1順位）	1／2	1／2
配偶者と直系尊属（第2順位）	2／3	1／3
配偶者と兄弟姉妹（第3順位）	3／4	1／4

　そのうえで、

(1)　配偶者以外の血族相続人の相続分は、人数に応じて均等に分配する。

(2)　父母の一方のみを同じくする兄弟姉妹（半血兄弟姉妹）の相続分は、父母の双方を同じくする兄弟姉妹（全血兄弟姉妹）の相続分の2分の1となる。

(3)　代襲相続人の相続分は、被代襲者の相続分と同じとなる。

　　——代襲相続人である孫が被相続人の養子でもある場合、代襲相続人としての相続分と養子としての相続分の双方を有するので、合算して計算する。もっとも、法定相続人の数を計算する場合には、1人として計算する。

遺留分

問34 遺留分について述べた次の記述のうち、正しくないものはどれですか。

A. 遺留分の計算に際しては、相続人のうち、被相続人から贈与または遺贈により特別の利益を受けた者がいた場合には、「特別の利益を遺留分算定基礎財産に加算する」持戻し計算が行われる。

B. 遺留分が侵害された相続人は、相続開始および減殺すべき遺贈があったことを知ったときから1年以内に限り、遺留分侵害額請求権を行使することができる。

C. 会社の株式を生前贈与していた場合に、持ち戻しの対象となった株式の価額は、贈与時の価額で持ち戻し計算が行われる。

D. 直系尊属には遺留分侵害額請求権は認められるが、兄弟姉妹には遺留分侵害額請求権は認められない。

選択肢の説明

A. 適切。遺留分の計算に際しては、特別受益者（相続人のうち、被相続人から贈与または遺贈により財産を取得した者）が受けた「特別受益」を遺留分算定基礎財産に加算する、いわゆる「持戻し」計算が行われる。

B. 適切。ただし、減殺すべき遺贈があったことを知らない場合においても、遺留分侵害額請求権は、相続開始から10年間を経過すると、除斥期間により権利は消滅する。

C. 不適切。会社の株式を生前贈与していた場合に「持戻し」の対象となった株式の価額は、相続時の価額で持ち戻し計算が行われるため、贈与を受けた後継者が努力して会社の価値を増加させても、遺留分侵害額請求の対象となる。

D. 適切。法定相続人のうち、直系尊属には遺留分は認められるが、兄弟姉妹には遺留分は認められない。

正解　C

解説　テキスト第2分冊　85頁〜87頁参照

　遺留分は、被相続人の相続財産のうち一定部分について、民法で定められている一定の相続人が最低限相続できる財産のことで、遺留分が侵害された相続人は、<u>遺留分侵害額請求権</u>を行使することができる。遺留分侵害額請求権の内容は、下表のとおりである。

適用対象等	内　　容				
遺留分権利者	兄弟姉妹を除く法定相続人（兄弟姉妹は、遺留分の権利が認められない）				
遺留分計算上の注意点	遺留分の計算に際しては、特別受益者が受けた「<u>特別受益</u>」を遺留分算定基礎財産に加算（「<u>持戻し</u>」という）して計算が行われる。「持戻し」の対象となる財産は、①共同相続人が受けた遺贈財産、②婚姻や養子縁組のための贈与財産、③生計の資本としての贈与財産である。また、会社の株式を生前贈与していた場合、「持戻し」の対象となった株式の価額は、相続時の価額で持ち戻しが行われるため、贈与を受けた後継者が努力して会社の価値を増加させても、<u>遺留分侵害額請求</u>の対象となるという不合理性がある。				
遺留分の割合	遺留分の割合は、相続人全体のものであり、各相続人の遺留分はこの割合を各自の法定相続分に応じて取得する。 ①　相続人に配偶者または子がいる場合：被相続人の財産の1／2 ②　相続人が被相続人の直系尊属のみである場合：被相続人の財産の1／3				

	配偶者のみ	子のみ	直系尊属のみ	配偶者と子	配偶者と直系尊属
配偶者	1／2			1／4	1／3
子		1／2		1／4	
直系尊属			1／3		1／6

適用対象等	内　　容
権利行使期限	相続開始および減殺すべき遺贈があったことを知ったときから1年以内。 減殺すべき遺贈があったことを知らない場合でも、遺留分侵害額請求権は、相続開始から10年間を経過すると、除斥期間により権利は消滅する。

遺産分割対策

> **問35 相続の遺産分割対策に関する説明について、正しくないものはどれですか。**

A. 遺産分割による親族間での争いを防ぐためには、生前に遺産分割対策を取っておくのが有効である。

B. 遺産分割対策が取られていない場合には、親族間での争いが起こる可能性がある。

C. 遺産分割対策は、相続人のうちの1人に対してすべての財産を承継させる方が争いが少なく最も効果的である。

D. 遺産分割対策としては、遺言書の作成などが有効である。

> **選択肢の説明**

A. 適切。遺産分割による親族間での争いを防ぐためには、生前に遺産分割対策を取っておくのが有効である。

B. 適切。遺産分割対策が取られていない場合には、親族間での争いが起こる可能性がある。

C. 不適切。遺産分割対策では、相続人に平等に分割することが原則であり、相続人のうちの1人に対してすべての財産を承継させるのは、親族間での争いが起こる可能性を高める。

D. 適切。遺産分割対策としては、遺言書の作成などが有効である。

正解 C

解説　テキスト第2分冊　89頁〜98頁参照

　遺産分割対策とは、相続人にスムーズに財産移転ができるように、生前に相続人にどの財産を承継させるかを考えておくことであり、自分の死後に親族間での争いを防ぐために、非常に重要なことである。

　遺産分割は、平等に分割することが原則であるが、病気の看病を献身的に行ってくれる相続人とそうでない相続人がいる場合には、平等に分割するよりも、状況に応じて寄与分を考慮した分割を行う方が適しているケースもある。

　遺産分割対策が取られていない場合には、親族間で争いが生じる可能性が高くなるため、遺言書の作成や、生前贈与、財産分割を容易にする資産の組み替え、生命保険の活用などの対策を取ることが有効である。

遺産分割協議全般

問36 遺産分割協議の説明として正しいものはどれですか。

A. 相続が開始されたときには、まずは共同相続人による協議を優先的に行う必要があり、その目途がついたうえで、遺言書の有無、遺言書の内容を確認することになる。

B. 遺言により遺産分割が禁止されている場合であっても、共同相続人全員(受遺者を含む)の同意があれば、遺産分割協議によって遺言内容と異なる遺産分割をすることができる。

C. 遺産分割協議には、相続人全員の同意が必要である。

D. 当初の遺産分割に瑕疵がない場合であっても、一部の相続人の申し立てにより、遺産分割協議はやり直すことができる。

選択肢の説明

A. 不適切。相続が開始されたときには、まず遺言書の有無を確認する必要がある。遺言がある場合は、遺言に従って分割することになるが(指定分割)、遺言がない場合は、共同相続人による協議により分割をすることになる(協議分割)。

B. 不適切。遺言により遺産分割が禁止されている場合等には、共同相続人全員(受遺者を含む)の同意があっても、遺産分割協議により遺言内容と異なる遺産の分割をすることはできない。

C. 適切。

D. 不適切。相続人全員の合意がある場合や、当初の遺産分割に瑕疵があって協議そのものが無効である場合などにおいて、遺産分割協議はやり直すことができる。

正解　C

解説　テキスト第2分冊　89頁～94頁参照

　遺言がない場合、共同相続人全員の協議により、いつでも遺産の全部または一部の分割をすることができる。遺言がある場合でも、下記の場合を除き、共同相続人全員（受遺者を含む）の同意があれば、遺産分割協議によって遺言内容と異なる遺産の分割をすることができる。

- ・遺言により遺産分割が禁止されている場合
- ・遺言執行者がいる場合で、遺言執行者の同意が得られない場合
- ・共同相続人のうち1人でも、遺言と異なる内容で遺産分割することに同意しない場合
- ・相続人以外の受遺者がいて、その受遺者の同意が得られない場合

　遺産分割協議が成立するためには、共同相続人全員の合意が必要であり、遺産分割の方法としては、主として、①現物分割、②代償分割、③換価分割、④共有分割の4種類がある。

遺産分割の方法

問37　遺産分割方法の説明として正しいものはどれですか。

A．現物分割とは、遺産を全て現金に換えて分割する方法であり、実務的に多く採用されている。

B．代償分割とは、遺産を現金化し、相続人間で分配する方法である。

C．換価分割とは、共同相続人（包括受遺者を含む）の1人または数人が遺産の現物を取得する代わりに、その取得者が他の共同相続人に対して代償金を支払う分割方法である。

D．先祖代々の不動産の売却を防ぐ場合などに、共有分割が利用されることがある。

選択肢の説明

A．不適切。現物分割は、遺産をそのままの状態で分割する方法である。

B．不適切。換価分割の説明となっている。

C．不適切。代償分割の説明となっている。

D．適切。

正解　D

解説　テキスト第 2 分冊　91頁参照

　遺産分割協議が成立するためには、<u>共同相続人全員の合意が必要</u>である。

　遺産分割の方法としては、主に下記にあげる、①<u>現物分割</u>、②<u>代償分割</u>、③<u>換価分割</u>、④<u>共有分割</u>の 4 つの方法がある。

① <u>現物分割</u>…遺産をそのままの状態で分割する方法であり、実務的に多く採用されている。

② <u>代償分割</u>…共同相続人（包括受遺者を含む）の 1 人または数人が遺産の現物を取得する代わりに、その取得者が他の共同相続人に対して代償金を支払う分割方法。共同相続人の 1 人が遺産である不動産に自宅として居住している場合等に利用される。

③ <u>換価分割</u>…遺産を換価（現金化）し、その代金を相続人間で分配する方法。遺産が不動産のみで、かつ、不動産取得者に代償金を支払う資力がない場合や相続税の納税資金がない場合等に利用されることが多い。また、遺産の一部を現物分割し、残りの遺産を換価分割して相続分の調整にあてることも行われる。

④ <u>共有分割</u>…遺産を共有財産として分割する方法。先祖代々の不動産の売却を防ぐ場合等に利用されることがある。

遺産分割協議の当事者

問38　遺産分割協議の当事者の説明として正しいものはどれですか。

A．包括受遺者は遺産分割協議に参加することができない。

B．相続人が、「相続分の譲渡」を行った場合においても、遺産分割協議に参加するのは、相続人であって、相続分譲受人ではない。

C．共同相続人に連絡が取れない場合は、裁判所に不在者財産管理人の申立てを行い、選任された不在者財産管理人が遺産分割協議に参加することとなる。

D．未成年者とその親権者が共に相続人となる場合には、殆どのケースにおいて、親権者は未成年者の法定代理人としての立場も兼ねて遺産分割協議に参加する。

選択肢の説明

A．不適切。包括受遺者は、相続人と同一の権利義務を有し、遺産分割協議に参加することができる。

B．不適切。相続分の譲渡が行われた場合、相続分譲受人が遺産分割協議に参加することになり、相続分の譲渡をした相続人は遺産分割協議に参加する必要はない。

C．適切。

D．不適切。親権者が未成年者（子供）と共同相続人になった場合には、親権者が未成年者に不利な遺産分割協議を成立させるおそれがあるため、家庭裁判所に未成年者の<u>特別代理人</u>選任の申立てを行い、選任された特別代理人が遺産分割協議に参加する形がとられることになる。

正解　C

> **解説　テキスト第2分冊　91頁〜93頁参照**

　遺産分割協議には相続人が当然にして当事者となるが、相続人以外では、下記の者が当事者となりうる場合がある。

① 包括遺贈の受遺者（包括受遺者）…相続人と同一の権利義務を有すると規定されており、包括受遺者も遺産分割協議に参加することで、具体的に取得する遺産を決めることになる。

② 相続分譲受人…相続人が、遺産分割前に自己の相続分を相続人または第三者に譲り渡すことを「相続分の譲渡」といい、相続分を譲り受けた者（＝相続分譲受人）が遺産分割協議に参加することになり、相続分の譲渡をした相続人は遺産分割協議に参加する必要はなくなる。なお相続放棄と同様、遺産の基礎控除額を計算するときに用いる法定相続人の数には影響しない。

③ 成年後見人…共同相続人の中に、認知症等により判断能力を欠く常況にある者がいる場合、家庭裁判所に成年後見の申立てを行い、選任された成年後見人が、代理人として遺産分割協議に参加することになる。

④ 不在者財産管理人…共同相続人同士の関係が希薄で連絡先すら不明な場合には、連絡先が不明な共同相続人の戸籍の附票を取得し、現住所を確認したうえで連絡をとることになる。それでも連絡がとれない場合は、裁判所に不在者財産管理人の申立てを行い、選任された不在者財産管理人が遺産分割協議に参加することになる。

⑤ 親権者・特別代理人・未成年後見人…相続人が未成年者である場合、遺産分割協議をするには、その法定代理人の同意を得なければならない。未成年者の法定代理人は、親権者である父母であるが、通常親権者は未成年者（子供）と共同相続人になるケースが多いことから、親権者が未成年者に不利な遺産分割協議を成立させるおそれがある。そのため、未成年者とその親権者が共に相続人となる場合には、家庭裁判所に未成年者の特別代理人の選任の申立てをし、選任された特別代理人が遺産分割協議に参加することになる。

　（保護すべき）対象者および法定代理人の組み合わせを整理すれば下表のとおりである。

対象者		法定代理人 （遺産分割協議参加者）
未成年者	親権者あり	親
	親権者なし	未成年後見人
成人	判断能力の欠如	成年後見人
未成年者・成人	上記対象者とその法定代理人の間で利益が相反する場合	特別代理人

遺産分割協議の注意点

> **問39　遺産分割協議の注意点に関する説明として誤っているものは どれですか。**

A．相続税の申告期限は相続の開始を知った日の翌日から10か月以内であるため、早い段階で誰が相続人であるか確定させることが遺産分割協議を成立させる鍵となる。

B．相続人の人数が多ければ多いほど、利害が対立して揉める可能性が高まるため、まずは相続人ごとに遺産分割案を出し合い、早い段階から話し合いを進めておく必要がある。

C．自社株式の相続については、価格以外にも、今後誰に会社を引継がせるかといった要素も考慮して協議を行う必要がある。

D．遺産の大半を不動産や自社株式が占めている場合、細心の注意を払ったとしても、結果として不公平な分割内容になってしまうことが考えられることから、遺留分侵害額請求の対象外とされている。

選択肢の説明

A．適切。相続人を確定するためには、被相続人の戸籍から、被相続人の前妻（または前夫）の有無、異父母兄弟の有無、認知した子の有無、養子縁組の有無などを調査し、相続人の順位に基づいて相続人を確定する必要がある。なお、相続人に子供がいない場合は、戸籍の調査が兄弟姉妹や甥姪にまで及ぶため、さらに時間と労力を要する。

B．適切。

C．適切。

D．不適切。遺産の大半を不動産や自社株式が占めている場合、現物分割では不公平な分割内容になってしまうことが起こりうる。相続した財産が遺留分に満たない場合には、遺留分侵害額を請求される可能性もあるため、代償分割や換価分割を選択肢として考えておくなど、事前に具体的な承継プランを検討しておくことが重要である。

正解　D

解説　テキスト第 2 分冊　93頁〜95頁参照

　遺産分割協議が<u>申告期限内に成立しない</u>代表的なケースとしては、①<u>相続人</u>の確定、代理人の選任に時間を要した場合、②<u>相続人の人数が多い場合</u>、③<u>遺産の大部分が不動産や自社株式であり、金融資産が少ない場合</u>、などがあげられる。

　相続税の申告期限は相続開始を知った日の翌日から<u>10か月以内</u>であるため、いずれのケースにおいても、早めの対応を行うことが重要であり、それがひいては相続人全員にとってもメリットとなることを認識する必要がある。

　なお、民法ではこれまで遺産分割協議に特に期限を設けていなかったが、協議が長期化することに伴う弊害に対処するため、民法の改正が行われた（2023年 4 月 1 日施行）。同改正により、遺産分割協議において<u>特別受益</u>（生前に被相続人から多額の贈与を受けていた場合等）と<u>寄与分</u>（被相続人の生前に介護などで特に大きな貢献をしていた場合等）の主張を行う場合の期限は、<u>相続開始の時期（被相続人死亡時）から10年</u>と定められた。これにより、10年を経過してしまった場合には、原則として、法定相続分で遺産分割をすることになる（逆にいえば有利に協議を進めるためには、実質的に10年以内に協議を整える必要がある）点には、注意が必要である。

相続発生後の手続き

> **問40 相続発生後の手続きに関する説明として誤っているものはどれですか。**

A. 相続手続きを期限内に進めるためには、相続人および相続財産をできるだけ早急に調査し、確定することが重要である。

B. 被相続人が生前に所得税の確定申告をしていた場合は、準確定申告の要否を検討する必要がある。

C. 相続税の申告期限までに遺産分割協議が成立しない場合は、未分割財産を法定相続分で分割したと仮定して、税務署に申告し納税を行うことになる。

D. 遺産分割が、裁判所の審判で合意に至らなかった場合は、自動的に調停に進むこととなる。

選択肢の説明

A. 適切。相続人が多数、あるいは関係が希薄な者に及ぶ場合には、実務では税理士、司法書士などの専門家の力を借りることが行われる。また、相続財産の確定に関し、被相続人が生前に自己の財産について、一覧表を作成しておけば、相続人の負担を軽減することができる。

B. 適切。被相続人が生前に所得税の確定申告をしていた場合は、<u>準確定申告</u>の要否を検討する必要がある。準確定申告とは1月1日から死亡した日までに確定した被相続人の所得金額および税額を計算した所得税確定申告書のことであり、被相続人に申告義務がある場合、同人に代わり相続人が申告する必要がある。なお、準確定申告により納付した所得税額は、相続税申告における債務として相続財産から控除することができる。

C. 適切。その後、遺産分割協議が成立した段階で相続税額が増減する相続人については、<u>修正申告または更正</u>の請求をすることができる。

D. 不適切。裁判所の<u>調停</u>で合意に至らなかった場合は、自動的に<u>審判</u>に進むこととなる。

正解	D

解説　テキスト第2分冊　94頁〜98頁参照

相続手続きのスケジュールは下表のとおりである。

手続期限	手続内容	手続先	主な手続
相続開始を知った日から3か月	相続放棄限定承認	家庭裁判所	・相続人の確定 ・遺言の確認 ・財産調査
相続開始を知った日の翌日から4か月	準確定申告	税務署	・準確定申告書の作成 ・所得税の納税
相続開始を知った日の翌日から10か月	相続税の申告	税務署	・税法上の財産評価 ・遺産分割協議 ・相続税申告書の作成 ・相続税の納税
相続開始および遺留分侵害を知った日から1年以内	遺留分侵害額の請求	当事者間	・遺留分の計算
相続税の申告期限から3年以内	相続税の更正の請求	税務署	・相続税の更正の請求書の作成

　遺産分割について、共同相続人間で協議の合意ができない場合、共同相続人はその遺産の全部または一部の分割を家庭裁判所に請求することができる。

　家庭裁判所の遺産分割手続には、遺産分割調停と遺産分割審判がある。

① 遺産分割調停…遺産分割審判に先立って行われ、遺産分割の当事者は調停委員会（裁判所の組織。裁判官と調停委員2名で構成）を介して話し合いを進めることになるが、調停で合意がなされる保証はない。合意に至った場合は、調停調書が作成され、遺産の分割が行われるが、合意に至らなかった場合は、遺産分割審判に自動的に進むことになる。

② 遺産分割審判…裁判官が、当事者が作成した財産目録や根拠資料等を基に、遺産分割方法を決定する手続きであり、法定相続分に従って遺産を分割することが多い。審判の内容に不服がある場合は、審判の告知を受けた日の翌日から起算して2週間以内であれば高等裁判所に即時抗告をすることができる。なお、2週間以内に即時抗告をしない場合や即時抗告が認められなかった場合は、審判が確定することとなる。

遺言の仕組みと効果等

問41　遺言の仕組みと効果等の説明として正しいものはどれですか。

A．遺言により遺産分割を禁止することはできない。

B．遺産分割によって取得した財産に瑕疵がある場合には、相続分に応じて、各相続人が担保責任を負うが、この担保責任については、遺言によって変更することはできない。

C．遺言は相手方の承諾がなくても、遺言者の一方的な意思表示のみで成立する。

D．前の遺言が後の遺言と抵触する（異なる）部分については、その遺言はいずれも無効となる。

選択肢の説明

A．不適切。遺言によって、相続開始から5年を超えない期間において、遺産分割を禁止することができる（民法第908条1項）。

B．不適切。遺産分割によって取得した財産に瑕疵がある場合には、相続分に応じて、各相続人が担保責任を負うが、この担保責任については、遺言によって変更することができる（民法第914条）。

C．適切。遺言は相手のいない単独行為である。

D．不適切。前の遺言が後の遺言と抵触する（異なる）部分については、後の遺言で前の遺言を撤回したものとみなされる。

正解　C

解説　テキスト第2分冊　100頁～102頁参照

遺言できること（法定遺言事項）は次のように定められている。

1．相続に関する事項	2．財産処分に関する事項
相続人の廃除とその取消し	遺贈（包括遺贈・特定遺贈）
相続分の指定またはその委託	財団法人設立のための寄付行為
遺産分割方法の指定またはその委託	信託の設定
遺産分割の禁止	3．身分に関する事項
特別受益の持戻免除	子の認知
相続人相互の担保責任の指定	未成年後見人・未成年後見監督人の指定
遺留分侵害額負担方法の指定	4．遺言の執行に関する事項
配偶者居住権の設定	遺言執行者の指定またはその委託
	5．その他
	祭祀主宰者の指定
	保険金受取人の指定または変更

遺言には下記のような特徴がある。

・遺言は、停止条件付の場合を除き、遺言者の死亡と同時に効力が生じる。
・遺言自由の原則（ただし遺留分の制約はある）。
・遺言は、相手方の承諾がなくとも遺言者の一方的な意思表示のみで成立する単独行為である。
・複数の遺言者が同一の遺言書で行う遺言は、原則として無効となる。
・代理人による遺言は、原則として認められない。
・遺言に関し著しく不当な干渉行為（偽造、変造、破棄、隠匿等）を行った相続人は相続権を失う。
・内容が抵触する複数の遺言書は、作成日の新しいものが有効となる。

遺言者の要件

> **問42　遺言者の要件に関する説明として誤っているものはどれですか。**

A．遺言者は成年者である必要があり、遺言時に満18歳以上であることが要件となる。

B．遺言者は、遺言時に意思能力を有していることが必要である。

C．遺言者が、遺言時に遺言能力を有していなければ、その遺言の効力は無効である。遺言能力の有無は、画一的・形式的に判定されるものではなく、実質的・個別的に判断される。

D．被保佐人は、制限行為能力者であるが、遺言能力があれば単独で遺言ができる。

選択肢の説明

A．不適切。遺言者の要件は、遺言時に満15歳以上であることが要件となる。

B．適切。意思能力とは、自己の行為の法的な結果を認識・判断することができる能力をいう。

C．適切。遺言能力の判断要素は解説参照。

D．適切。遺言時に遺言能力を有する場合、満15歳以上の者、被保佐人、被補助人は単独で遺言ができる。

正解　A

解説　テキスト第2分冊　102頁〜103頁参照

遺言能力の有無に関する判断要素には次のようなものがあげられる。

・遺言時における遺言者の精神上の障害の存否、内容および程度。

・遺言内容それ自体の複雑性。

・遺言の動機や理由、遺言者と相続人または受遺者との人的関係、交流関係、遺言に至る経緯等。

　遺言時に遺言能力を有する場合において、未成年者・制限行為能力者の遺言の可否は下表のとおりである（遺言時に遺言能力を有する場合）。

	定　義	遺言の可否
未成年者	18歳に満たない者	単独で遺言可（満15歳以上）
成年被後見人	判断能力を欠く常況にあり、成年後見人が付された者	遺言可（医師二人以上の立会いなどを要する）
被保佐人	判断能力が著しく不十分であり、保佐人が付された者	単独で遺言可
被補助人	判断能力が不十分であり、補助人が付されている者	単独で遺言可

特定財産承継遺言と遺贈の違い

問43　特定財産承継遺言と遺贈に関する説明として正しいものはどれですか。

A. 特定の財産を特定の相続人に「相続させる」旨の遺言は、2019年施行の民法改正により「特定財産承継遺言」と呼ばれることとなった。

B. 2019年施行の民法改正により、相続人以外に遺産を与える際にも「相続させる」旨記載すれば、「特定財産承継遺言」の効力を享受できるようになった。

C. 遺贈には、「包括遺贈」と「特定遺贈」があり、どちらの受遺者も、遺言者の死亡後いつでも遺贈の放棄ができる。

D. 民法上、相続財産には、積極財産（物・権利）および消極財産（債務）が含まれることから、どちらも遺贈することができる。

選択肢の説明

A. 適切。

B. 不適切。相続人以外に遺産を与える際に遺言書に「相続させる」と記載しても、それは「遺贈」であり、「特定財産承継遺言」のような効力はない。

C. 不適切。「特定遺贈」の受遺者は、遺言者の死亡後いつでも遺贈を放棄することができるが、「包括遺贈」の放棄・限定承認は、相続開始3か月以内に家庭裁判所に対し、その旨を申述しなければならない。

D. 不適切。譲渡ができない財産、法令上譲渡が禁止されている財産、遺言者に帰属しない財産、および債務は、原則として遺贈することができない。

正解　A

解説　テキスト第 2 分冊　103頁〜106頁参照

「特定財産承継遺言」と「遺贈」の主たる相違点は下表のとおりである。

	特定財産承継遺言 （「相続させる」と記載）	遺贈 （「遺贈する」と記載）
法的性質	遺産分割方法の指定	遺贈
所有権の移転時期	遺言者の死亡と同時に移転	
対象者（相手）	相続人限定	相続人以外も可
放棄の可否	相続そのものを放棄しない限りできない	放棄できる
登記申請手続	受遺者である相続人（または遺言執行者）による単独申請	受遺者と相続人全員（または遺言執行者）との共同申請が必要だが、2023年 4 月 1 日から、相続人に対する遺贈については、受遺者である相続人の単独申請が可能と改正
登記の登録免許税	不動産の評価額の1,000分の 4	不動産の評価額の1,000分の20（相続人に対する遺贈の場合1,000分の 4 ）
権利の承継を第三者に対抗（主張）する要件	法定相続分を超えて相続する部分は、登記・登録等がなければ第三者に対抗不可	登記・登録等が必要

遺贈の主な特徴は次のとおりである。

・遺贈は、遺言者が自由に行うことができるが、遺留分の制約を受ける。

・遺贈は遺言による単独行為であり、遺言者の死亡時に効力が生じる。

・相続人に限らず、相続人以外の第三者および法人も受遺者になり得る。

・受遺者は、遺言者の死亡後、その遺贈を放棄することができる。

・遺言者の死亡以前に受遺者が死亡した場合、その遺贈は効力を失う。

・遺言者の死亡以前に受遺者が死亡した場合、受遺者の相続人はその地位を承継しない（代襲相続に似た制度なし）。

遺贈には、財産を特定せずに、遺産に対する割合を示して行われる「包括遺贈」と財産を特定して行われる「特定遺贈」がある。それぞれの主な特徴は下記のとおりである。

【包括遺贈】

・包括遺贈を受けた受遺者（包括受遺者）は、相続人と同じ権利義務を有する。遺産に債務（消極財産）を含む場合、包括受遺者は、取得した財産（積極財産）の割合で、債務も承継する。

・包括遺贈の放棄・限定承認は、3か月以内に家庭裁判所への申述を要する。

【特定遺贈】

・特定遺贈の受遺者（特定受遺者）は、特定の財産（積極財産）を取得する（遺言に指定が無い限り、原則として遺言者の債務（消極財産）は承継しない）。

・特定遺贈の受遺者は、遺言者の死亡後いつでも放棄することができる。

遺言の種類とその長所・短所

問44 遺言の方式に関する説明として正しいものはどれですか。

A. 公正証書遺言には、本人および証人1名以上が公証人役場に出向いて作成する必要がある。

B. 公正証書遺言は、公証人の面前で遺言者本人が全文を自署して作成する。

C. 自筆証書遺言は、本人が全文・日付・氏名を自署し、これに押印して作成するものであり、本人が保管することができる。

D. 自筆証書遺言、公正証書遺言のどちらとも、家庭裁判所に遺言書を提出して、検認を受ける必要がある。

選択肢の説明

A. 不適切。証人2名以上が必要である。

B. 不適切。公正証書遺言は、本人が口述した内容を公証人が記録して作成する。

C. 適切。本人保管の場合、遺言書の紛失、破棄等のおそれがあることから、その問題解消のために「自筆証書遺言書保管制度」が設けられた。

D. 不適切。公正証書遺言および自筆証書遺言書保管制度を利用した場合には、家庭裁判所の検認は不要である。

正解 C

解説　テキスト第2分冊　106頁参照

遺言には、<u>自筆証書遺言</u>、<u>公正証書遺言</u>、秘密証書遺言の3種類があり、その内容は次のとおりである。

摘　　要	自筆証書遺言	公正証書遺言	秘密証書遺言
作成方法	遺言の全文、日付および氏名を自書し、押印して作成	本人および証人2名が公証人役場へ出向いて作成	遺言の全文などを自分で作成し、封かんした遺言を公証人役場で証明してもらう
作成者	本人	本人の口述を公証人が筆記	本人
証人	不要	2名以上	公証人および証人2名以上
保管場所	本人	原本：公証人役場 正本・謄本：本人	本人
内容の秘密性	あり	なし	あり
代筆、ワープロ	不可	公証人が作成	可能
家庭裁判所の検認	必要	不要	必要

※家庭裁判所の検認とは、遺言書の偽造・変造・改ざん・紛失などを防止するために遺言の内容の記録を残す手続で、遺言が有効か無効かを判断するものではない。

遺言書の検認

問45　遺言書の検認の説明として正しいものはどれですか。

A．遺言書を発見した相続人は、遺言の種類にかかわらず、家庭裁判所に遺言書を提出して、その検認を受けなければならない。

B．家庭裁判所は検認により、遺言書の状態を確認するとともに、遺言書が有効か無効かの判断を行う。

C．公正証書遺言および自筆証書遺言書保管制度を利用した場合を除き、封印のある遺言書は、家庭裁判所において、出席した相続人またはその代理人の立会いがなければ、開封することができないとされている。

D．検認を経ることなく執行された遺言は無効である。

選択肢の説明

A．不適切。公正証書遺言および自筆証書遺言書保管制度を利用した場合には、家庭裁判所の検認は不要である。

B．不適切。検認とは、家庭裁判所において行われる遺言書の状態を確認する手続である。相続人に対して遺言の存在および内容を知らせるとともに、遺言書の内容を明確にして、検認後の偽造・変造を防止するために行われるものであり、遺言が有効か無効かを判断するものではない。

C．適切。

D．不適切。検認を経ないで遺言を執行し、または裁判所外で開封した場合であっても、遺言の効力（有効・無効）に影響はない。ただし、5万円以下の過料を課される可能性がある。

正解　C

解説　テキスト第2分冊　107頁参照

遺言書の検認の要否をまとめれば、下図のとおりである。

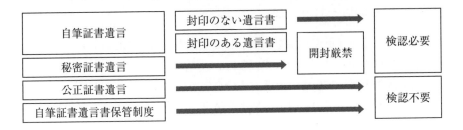

自筆証書遺言および自筆証書遺言書保管制度

問46　自筆証書遺言および自筆証書遺言書保管制度の説明として正しいものはどれですか。

A．自筆証書遺言に財産目録を別紙として添付する場合においても、パソコン・ワープロの使用は認められていない。

B．自筆証書遺言で作成された遺言書は自宅で保管されることが多いため、遺言書の紛失や一部の相続人等により破棄、隠匿、変造される等のおそれがある。これらの問題を解消するために、自筆証書遺言書保管制度が設けられた。

C．自筆証書遺言書保管制度においては、遺言書保管所として家庭裁判所が指定されている。

D．遺言者の生前であっても、相続人等は、遺言書保管所に対し、遺言書の閲覧を請求することができる。

選択肢の説明

A．不適切。自筆証書遺言にかかる遺言書に財産目録を別紙として添付する場合、その財産目録については、自書しなくてもよいこととされ、パソコン・ワープロ等や代筆での作成が認められている。

B．適切。

C．不適切。遺言書保管所は、家庭裁判所ではなく法務局である。

D．不適切。自筆証書遺言書保管制度を利用した場合、相続人等は遺言者の死亡後でなければ遺言書の閲覧はできない。遺言者の生前に閲覧が可能なのは、遺言者本人だけである。

正解　B

解説　テキスト第２分冊　108頁〜109頁参照

自筆証書遺言において、遺言書作成上の主な注意点は下表のとおりである。

	主な留意点
全文	・自筆により作成することが求められる（代筆は認められない）。 ・別紙として添付する財産目録の部分を除き、パソコン・ワープロ等を用いて作成することは認められない。 ・他人の添え手による補助は原則として無効。
日付	・令和○年○月○日というように、年、月、日を明確に記載すべきである。 ・令和○年○月吉日という記載は認められない。
氏名	・戸籍上の氏名を正確に記載することが望ましい。 （氏のみ、名のみ、通称、雅号、ペンネーム、芸名、屋号なども、それによって遺言者と同一性があると示されていれば、有効であると解されている）
押印	・実印を使用するのが望ましい（認印でも形式的に問題はない。押印の代わりに、指印も認められている）。

自筆証書遺言書保管制度を利用する主なメリットは下記のとおりである。

・遺言書の保管申請時に、遺言書保管官による外形的なチェックを受けることができる。ただし、遺言の有効性を保証するものではない。
・遺言書は、原本のほか、スキャナで読み取った画像データについても遺言書保管所に保管される。これにより、遺言書の紛失や一部の相続人等による遺言書の破棄、隠匿、変造等を防ぐことができる。
・家庭裁判所の検認が不要。
・相続開始後、相続人等は、全国どこの遺言書保管所でも、画像データによる遺言書の閲覧や遺言書情報証明書の交付を受けることができる。
・相続人等が、遺言書の閲覧や、遺言書情報証明書を受けた場合は、その他の相続人全員に対し、遺言書が保管されている旨の通知が届く。
・事前に希望すれば、遺言者の死亡の事実が確認できた時に、相続人等の閲覧等を待たずに、対象者１名に対して、遺言書が保管されている旨の通知が届くように設定することができる。

遺言執行者

問47 遺言執行者に関する説明として誤っているものはどれですか。

A. 遺言執行者は、遺言の内容を実現するために、相続財産の管理その他遺言の執行に必要な一切の行為をする権利義務を有する。

B. 遺言執行者は、遺言による指定、または利害関係人の申立てにより、法務局が選任する。

C. 未成年者および破産者は遺言執行者になることができない。

D. 信託銀行等が行う「遺言信託」とは、遺言書作成、遺言書の保管、遺言執行等をパッケージ化したサービスのことをいう。

選択肢の説明

A. 適切。

B. 不適切。利害関係人の申立てにより、遺言執行者を選任するのは家庭裁判所である。

C. 適切。

D. 適切。信託銀行等が行う「遺言信託」については、テキスト第2分冊111～112頁に加え、213頁を参照。

正解 B

解説　テキスト第2分冊　110頁〜112頁参照

遺言執行者の主な特徴は下記のとおりである。

法的地位と権利義務	遺言執行者は、「遺言の内容を実現するため」に、相続財産の管理その他遺言の執行に必要な一切の行為をする権利義務を有する。
選任方法	遺言による指定、または利害関係人（相続人、遺言者の債権者、受遺者等）の申立てにより、家庭裁判所が選任する。
欠格事由	未成年者および破産者は遺言執行者になることができない。
辞任	遺言執行者は、正当な事由があるときは、家庭裁判所の許可を得て、その任務を辞することができる。
行為の効果	遺言執行者がその権限内において遺言執行者であることを示して行った行為は、相続人に対して直接にその効力を生ずる。
相続人による妨害行為の禁止	遺言執行者がいる場合、相続財産の処分その他遺言の執行を妨げる相続人の行為は、原則として無効となる。

相続手続きの流れをまとめると下図のとおりである。

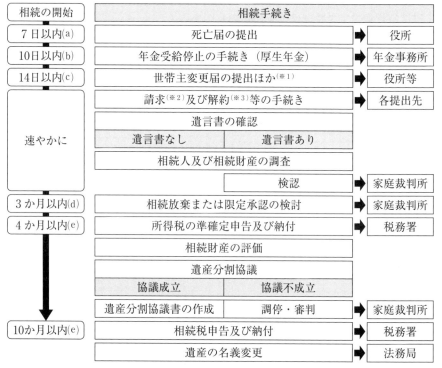

相続の開始	相続手続き	
7日以内(a)	死亡届の提出	➡ 役所
10日以内(b)	年金受給停止の手続き（厚生年金）	➡ 年金事務所
14日以内(c)	世帯主変更届の提出ほか(※1)	➡ 役所等
	請求(※2)及び解約(※3)等の手続き	➡ 各提出先
速やかに	遺言書の確認	
	遺言書なし ｜ 遺言書あり	
	相続人及び相続財産の調査	
	検認	➡ 家庭裁判所
3か月以内(d)	相続放棄または限定承認の検討	➡ 家庭裁判所
4か月以内(e)	所得税の準確定申告及び納付	➡ 税務署
	相続財産の評価	
	遺産分割協議	
	協議成立 ｜ 協議不成立	
	遺産分割協議書の作成 ｜ 調停・審判	➡ 家庭裁判所
10か月以内(e)	相続税申告及び納付	➡ 税務署
	遺産の名義変更	➡ 法務局

（※1）　国民年金の受給停止手続、国民健康保険・介護保険の資格喪失届の提出
（※2）　葬祭費・埋葬料、高額医療費、遺族年金、生命保険金、死亡退職金等の請求
（※3）　国民健康保険証の返却、公共料金等の解約
(a)　死亡の事実を知った日から7日以内　　(b)　死亡した日から10日以内
(c)　死亡した日から14日以内
(d)　自己のために相続の開始があったことを知った時から3か月以内
(e)　相続の開始があったことを知った日の翌日から起算

相続税の仕組み

> **問48　相続税の仕組みに関する説明について、正しいものはどれですか。**

A. 相続税は、相続や遺贈などにより取得した財産の合計額が、基礎控除額を超えた場合には、その財産の合計額に対して課税される。

B. 相続財産には、相続時精算課税制度の適用を受けて贈与により取得した財産や相続開始前10年以内の贈与財産も加算される。

C. 相続人以外の者が遺贈などにより財産を取得した場合も、相続税の課税対象となる。

D. 相続税は、相続の開始があった日の属する年の翌年3月15日までに申告・納税をしなければならない。

選択肢の説明

A. 不適切。相続税は、相続や遺贈などにより取得した財産の合計額が、基礎控除額を超えた場合には、その基礎控除額を超える部分（課税遺産総額）に対して課税される。

B. 不適切。相続財産には、相続時精算課税制度の適用を受けて贈与により取得した財産や相続開始前3年以内（2024年1月以降に贈与される財産については、遡及期間は7年まで段階的に延長される）に贈与を受けた財産も加算される。

C. 適切。遺贈などにより、相続人以外の者が取得した財産も相続税の課税対象となる。ただし、相続人以外の者が生命保険金を受け取った場合には、生命保険金の非課税の規定は適用されない。

D. 不適切。相続税の申告期限は、相続の開始があったことを知った日の翌日から10か月以内となり、申告期限までに相続税の申告書を提出し、納税しなければならない。

正解　C

解説　テキスト第2分冊　95頁、115頁〜117頁、144頁参照

相続税の基本的な制度は次のとおりである。

項　目	内　容
課税遺産総額	相続税は、相続や遺贈などにより取得した財産の合計額が、基礎控除額を超えた場合には、基礎控除額を超える部分（課税遺産総額）に対して課税される。 その場合には、相続時精算課税制度の適用を受けて贈与により取得した財産や相続開始前3年以内の贈与財産（債務等の金額は除く）も加算される。なお、2024年1月1日以降に贈与される財産については、遡る期間が段階的に長くなり、最終的には7年以内まで延長されることが決定されている（問69、問70参照）。
基礎控除額	相続税の基礎控除額は「3,000万円＋600万円×法定相続人の数」により求める。「法定相続人の数」は、相続税法上の相続人の数をいい、相続を放棄した者がいてもその放棄はなかったものとし、養子は2人（実子がいる場合には1人）までとなる。
申告期限	相続税は、相続の開始があったことを知った日の翌日から10か月以内に、申告・納税をしなければならない。

相続税の計算方法

問49　相続税の計算の仕組みや申告に関する説明について、正しいものはどれですか。

A．相続税を計算する場合における基礎控除額は「3,000万円＋600万円×法定相続人の数」により求める。

B．相続税の課税価格に算入される財産について、相続または遺贈により取得した財産については課税対象となるが、相続人による分割が決まっていない財産については課税対象外となる。

C．相続税の計算については、各財産の取得者の課税価格から基礎控除額を控除した金額に超過累進税率を乗じて算出税額を求める。

D．相続税の申告期限は、相続の開始があったことを知ってから1年以内であり、それまでに申告書を提出し、相続税を納付する必要がある。

選択肢の説明

A．適切。相続税を計算する場合の基礎控除額は「3,000万円＋600万円×法定相続人の数」により求める。この法定相続人の数については、相続放棄者についてはその放棄はなかったものとみなされる。

B．不適切。相続人による分割が決まっていない財産についても、民法の法定相続分等の規定による仮分割を行い、課税価格および相続税額を計算し、相続税の申告書を提出しなければならない。

C．不適切。相続税の計算については、各財産取得者の課税価格を合計し、その合計した金額から基礎控除額を控除した課税遺産総額に、各法定相続人が民法に定める法定相続分のとおりに取得したものとみなし、その場合の各取得金額に超過累進税率を乗じて相続税額を求め、その相続税額を合計して相続税の総額を計算する。

D．不適切。相続税の申告期限は、その相続の開始があったことを知った日の翌日から10か月以内となっており、相続税の申告書を提出するのと同時に、相続税を納付しなければならない。

正解　A

解説 テキスト第2分冊 93頁、95頁、115頁〜119頁参照

　相続税の計算については、「法定相続分課税方式」が採用され、財産の取得者ごとの課税価格（相続または遺贈により取得した財産の価額の合計額）を合計し、その合計額から基礎控除額を控除し課税遺産総額を求める。この課税遺産総額を各法定相続人が法定相続分により取得したものとみなして、各取得金額に超過累進税率を乗じて「相続税の総額の基となる税額」を計算する。その相続税額を合計した「相続税の総額」に各財産取得者の実際の財産の取得割合を乗じて、相続人等各人の算出相続税額を計算する。この各人の算出相続税額から各種の税額控除額を差し引いて、各相続人等の納付すべき相続税額を計算する。

　相続税の申告期限は、その相続の開始があったことを知った日の翌日から10か月以内となり、相続税の申告書を提出するのと同時に、相続税を納付しなければならない。

　相続税の計算の順序は、次のとおりである。

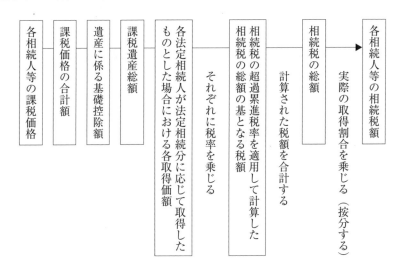

相続税法の法定相続人

> **問50** 遺産にかかる基礎控除額を計算する場合における、相続税法に規定する法定相続人になる者について、正しい選択肢はどれですか。相続人は、配偶者Ａ、実子Ｂ、実子Ｃ（相続放棄）、養子Ｄ、養子Ｅ（Ｃの子）の５名です。

A．Ａ、Ｂ、Ｃ、Ｄ、Ｅの５人

B．Ａ、Ｂの２人

C．Ａ、Ｂ、Ｄ、Ｅの４人

D．Ａ、Ｂ、ＣおよびＤとＥのうち１人の４人

選択肢の説明

　相続税法に規定する法定相続人（法定相続人の数）は、相続放棄をした者がいても、その放棄はなかったものとした場合の相続人の数をいう。また、実子がいる場合には、養子は１人まで法定相続人となる。

　ＥはＣの子（被相続人にとっては孫）であるが、代襲相続人ではないため、実子としては扱わない。

　（Ｃがすでに死亡しており、Ｅが代襲相続人であるなら、実子として扱う〈実子とみなされる養子〉）。

　したがって、正解（法定相続人の数）は、D．のＡ、Ｂ、ＣおよびＤとＥのうち１人の４人である。

正解　D

解説　テキスト第2分冊　117頁参照

　民法上の相続人と、相続税法上、遺産に係る基礎控除額を算定する際の法定相続人（法定相続人の数）とは異なることがある。

　遺産に係る基礎控除額＝3,000万円+600万円×法定相続人の数　と計算するが、この時の相続税法に規定する法定相続人（法定相続人の数）の内容は、次のとおりである。

項　目	内　　容
法定相続人の数	法定相続人の数は、相続の放棄があった場合でも、その放棄がなかったものとした場合の相続人の数をいう。
養子の数の制限	被相続人に養子がある場合、法定相続人の数に算入することのできる養子の数は、被相続人の実子の有無により異なる。 ①　被相続人に実子がいる場合　：1人まで ②　被相続人に実子がいない場合：2人まで
実子とみなされる養子	次の養子については、相続税法上は実子とみなされる。 ①　被相続人の実子、養子または直系卑属が既に死亡しているか、相続権を失ったため、相続人となったそれらの者の直系卑属 ②　民法上の特別養子縁組により養子となった者 ③　配偶者の実子で被相続人の養子となった者（連れ子養子）

相続税の2割加算

> 問51　次に掲げる者が、被相続人から相続または遺贈により財産を取得した場合に、相続税の2割加算の対象者となる者として、正しいものはどれですか。

A．被相続人の母

B．被相続人の実子

C．被相続人の配偶者

D．被相続人の代襲相続人でない孫

選択肢の説明

A．不適切。被相続人の母は相続税の2割加算の対象ではない。

B．不適切。被相続人の実子は相続税の2割加算の対象ではない。

C．不適切。被相続人の配偶者は相続税の2割加算の対象ではない。

D．適切。相続税の2割加算の対象者は、被相続人の「配偶者および一親等の血族（子および代襲相続人である孫、父母）」以外の者である。代襲相続人となっていない孫については、2割加算の対象となる。

正解　D

> **解説**　テキスト第2分冊　119頁参照

　相続税の2割加算とは、相続、遺贈や相続時精算課税に係る贈与によって財産を取得した人が、被相続人の「配偶者および一親等の血族（子および代襲相続人である孫、父母）」以外の者である場合に、その人の相続税額に対して2割に相当する税額を加算するということをいう。

　なお、孫（代襲相続人である孫を除く）を養子にした場合は、2割加算の対象となる。また、相続放棄をした代襲相続人である孫が、遺贈により財産を取得した場合（死亡保険金や死亡退職金を取得した場合を含む）は、2割加算の対象となる。

相続財産が未分割である場合の取扱い

問52　相続税の申告期限内に遺産が未分割の場合でも適用できる規定について、正しいものはどれですか。

A．延納

B．小規模宅地等の評価減の特例

C．非上場株式等の相続税の納税猶予

D．配偶者の相続税の税額軽減

選択肢の説明

A．適切。延納の制度については、遺産が未分割でも適用できる。ただし、相続財産未分割の状態にある相続財産の物納は認められない。

B．不適切。小規模宅地等の評価減の特例は、相続財産が未分割の状態では、適用を受けることができない。

C．不適切。非上場株式等の相続税の納税猶予は、相続財産が未分割の状態では、適用を受けることができない。

D．不適切。配偶者の相続税の税額軽減は、相続財産が未分割の状態では、適用を受けることができない。

正解　A

解説 テキスト第2分冊　119頁参照

相続により財産を取得した者は、被相続人の死亡後10か月以内に相続税の申告書を納税地の所轄税務署長に提出しなければならない。ただし、その申告期限内に相続財産の分割協議が整わない場合、未分割の財産を法定相続分に従って取得したものとして、課税価格を計算し、仮の申告を行う。このように「相続財産が未分割」の状態では、遺産を納税資金にあてることが基本的にできないうえに、次の制度の適用を受けることができない。

規　定	内　　容
配偶者の税額軽減	配偶者が取得する相続財産が法定相続分相当額または1億6千万円まで課税されない。
小規模宅地等の評価減の特例	相続人が被相続人と生計を一にしていた居住用宅地等で一定の要件を満たす場合には、その宅地等の評価額を大幅に減額する特例。
非上場株式等の相続税の納税猶予	事業を引き継ぐ後継者である相続人が、相続または遺贈により、被相続人から非上場会社の株式等を取得し、その会社を経営していく場合には、一定の要件下で、後継者である相続人が納付すべき相続税のうち、その非上場株式等に係る課税価格の80％に対応する相続税の納税が猶予される（事業承継税制の「一般措置」、テキスト第3分冊129〜133頁参照）。
物納	延納によっても金銭で納付することを困難とする事由がある場合には、納税者の申請により、その納付を困難とする金額を限度として一定の相続財産による物納が認められている。

未分割財産が申告期限後、分割された場合には、その分割が確定した時点で、相続税の計算をやり直し、修正申告または更正の請求を経て、各相続人の納付税額の調整を行う。なお、未分割財産が、申告期限から3年以内に分割された場合には、更正の請求をすることにより、「配偶者の税額軽減」、「小規模宅地等の減額」の規定の適用が受けられる（ただし、「非上場株式等の相続税の納税猶予」は適用されない）。

相続税の納税義務者と課税財産

> **問53　相続税の納税義務者や課税財産に関する説明について、正しくないものはどれですか。**

A．被相続人は相続開始時において、日本国内に住所を有しており、相続人A（日本国籍あり）は相続開始の12年前からアメリカに居住している場合、相続人Aが取得した財産は、国内財産および国外財産すべてが相続税の課税対象となる。

B．被相続人は相続開始時において、日本国内に住所を有しており、相続人B（日本国籍なし）は相続開始の13年前からアメリカに居住している場合、相続人Bが取得した財産は、国内財産のみが相続税の課税対象となる。

C．被相続人は相続開始時において、相続開始の11年前からオーストラリアに居住、相続人C（日本国籍あり）は相続開始の12年前からアメリカに居住している場合、相続人Cが取得した財産は、国内財産のみが相続税の課税対象となる。

D．被相続人は相続開始時において、相続開始の9年前からオーストラリアに居住、相続人D（日本国籍あり）は相続開始の12年前からアメリカに居住している場合、相続人Dが取得した財産は、国内財産および国外財産のすべてが相続税の課税対象となる。

選択肢の説明

A．適切。被相続人は相続開始時に日本国内に住所を有し、相続人Aは相続開始の12年前から国外に居住しているが、日本国籍を有するため非居住無制限納税義務者に該当するので、相続人Aの取得財産は、国内財産および国外財産すべて相続税課税対象となる。

B．不適切。相続人Bは、日本国籍は有さず、国外に居住しているが、被相続人が相続開始時に日本国内に住所を有しているため、相続人Bは非居住無制限納税義務者に該当するので、相続人Bの取得財産は、国内財産および国外財産すべて相続税課税対象となる。

C．適切。被相続人および相続人C（日本国籍あり）ともに、相続開始の10年以上前より海外に居住しているため、相続人Cは制限納税義務者に該当す

るので、相続人Cの取得財産は、国内財産のみ相続税課税対象となる。

D. 適切。被相続人および相続人D（日本国籍あり）ともに国外に居住しているが、被相続人が相続開始前10年以内に日本国内に居住していたため、相続人Dは非居住無制限納税義務者に該当するので、相続人Dの取得財産は、国内財産および国外財産すべて相続税課税対象となる。

正解　B

解説　テキスト第2分冊　119頁～120頁参照

相続税・贈与税の納税義務者の区分と課税財産の範囲は次のとおりである。

納税義務者の区分	内　　容
居住無制限納税義務者	相続または遺贈により財産を取得した者で、取得時に国内に住所を有する者。 取得した財産は、国内財産および国外財産すべてが相続税の課税対象となる。
非居住無制限納税義務者	相続または遺贈により国内および国外にある財産を取得し、取得時に国内に住所を有しない者で、次に該当する者をいう。取得した財産は、国内財産および国外財産すべてが相続税の課税対象となる。 ① 日本国籍を有する者：その者またはその者の被相続人のいずれかが、相続開始前10年以内に国内に住所を有していた。 ② 日本国籍を有しない者：被相続人が相続開始時に国内に住所を有していた。
制限納税義務者	相続または遺贈により国内にある財産を取得した者で、取得時に国内に住所を有しない者（上記の非居住無制限納税義務者に該当する者を除く）。 取得した財産のうち、国内財産のみが相続税の課税対象となる。
特定納税義務者	相続または遺贈により財産を取得していない、相続時精算課税適用者。 相続時精算課税制度の適用により取得した財産は、相続税の課税対象となる。

相続税の債務控除

> **問54　相続税の課税価格の計算上控除することができる債務控除について、債務控除の対象とならないものは、次のうちどれですか。**

A. 遺言の執行に関して生じる弁護士費用
B. 被相続人に課税される所得税
C. 被相続人の死亡後に納税通知書が到着した未納の固定資産税
D. 被相続人の死亡に伴う葬式費用

選択肢の説明

A. 遺言の執行に関して生じる弁護士費用は、相続開始後に生じる債務であり、被相続人の債務ではないため、債務控除の対象とならない。

B. 被相続人の死亡した年の1月1日から死亡の日までにおける所得については、所得税が課せられる。その所得税については、被相続人の相続人が申告納付しなければならない（準確定申告）。この所得税については、本来は被相続人が負担するものであるため、債務控除の対象となる。

C. 被相続人の所有財産に係る未払金は、被相続人が本来返済しなければならない債務であるため、債務控除の対象となる。

D. 被相続人の死亡に伴う葬式費用については、葬儀当日に要した費用は控除が認められる。ただし、初七日・四十九日法要（法会）費用の控除は認められない。

正解　A

解説 テキスト第2分冊 120頁参照

　相続財産には、プラスの財産だけではなく、マイナスの財産もあるため、被相続人の相続開始時点での借入金等の債務については、プラスの財産から控除することができる。これを<u>債務控除</u>といい、制度内容は、次のとおりである。なお、被相続人の相続人または包括受遺者は、債務控除の適用を受けることができる一方、相続を放棄した者および相続権を失った者については、債務控除の適用はない。

要　件	内　　容
控除対象者	相続人（または包括受遺者）で居住無制限納税義務者および非居住無制限納税義務者に該当する者。
控除対象の債務	①　被相続人に係るすべての債務 　　相続開始時点での債務および被相続人が負担すべき所得税や固定資産税を含む。 ②　葬式費用 　　葬式費用については、相続を放棄した者が負担した場合も控除が認められる。なお、葬式費用のうち、香典返戻費用・墓碑・墓地購入費用・法会（要）費用（初七日・四十九日法会）・遺体解剖費用などは、控除対象とならない。
控除対象外の債務	相続財産に関する費用（弁護士に支払った遺言執行費用、相続税の申告に係る税理士報酬等を含む）、非課税財産に係る債務・保証債務、消滅時効の完成した債務、相続人の責めにより納付すべき延滞税・利子税など。

課税財産、みなし相続財産および非課税財産

問55　相続税の非課税財産に関する説明について、正しいものはどれですか。

A. 被相続人が契約者および被保険者である保険契約から、相続人が死亡保険金を受け取った場合の非課税限度額は、「600万円×法定相続人の数」となる。

B. 生命保険金の非課税金額の規定は、相続を放棄した者が受け取った死亡保険金にも適用することができる。

C. 被相続人の死亡後3年以内に支給が確定した退職金は、受け取った者の退職所得として扱う。

D. 被相続人の死亡により支払われる弔慰金は、業務上死亡の場合には普通給与の36か月分までが非課税となり、非課税限度額を超える部分が相続税の課税対象となる。

選択肢の説明

A. 不適切。被相続人が契約者および被保険者である保険契約から、相続人が死亡保険金を受け取った場合の非課税限度額は、「500万円×法定相続人の数」となる。

B. 不適切。死亡保険金受取人に指定されていれば、相続を放棄しても死亡保険金を受け取ることはできるが、生命保険金の非課税金額の規定は、相続を放棄した者が受け取った死亡保険金には適用することができない。

C. 不適切。被相続人の死亡後3年以内に支給が確定した退職金は、相続税の課税対象となる（ただし、一定の金額は非課税とされる）。

D. 適切。被相続人の死亡により支払われる弔慰金は、業務上死亡の場合には普通給与（賞与を除く）の36か月分までが非課税となり、非課税限度額を超える部分は、死亡退職金として相続税の課税対象となる。

正解　D

解説　テキスト第2分冊　121頁〜123頁参照

　被相続人の死亡により、相続人等が受取る死亡保険金等は本来の相続財産ではないが、相続財産とみなして（みなし相続財産）、相続税の課税対象となる。ただし、相続人が受取った場合には、一定の金額が非課税となる規定が設けられており、その内容は次のとおりである。

項　目	非課税限度額
死亡保険金	被相続人が契約者（＝保険料負担者）および被保険者、保険金受取人を相続人とする生命保険契約から、相続人（相続を放棄した者および相続権を失った者を除く）が死亡保険金を受け取った場合の非課税限度額は次のとおり。 非課税限度額：「500万円×法定相続人の数」
退職金 （死亡退職金）	被相続人の死亡後3年以内に支給が確定した退職手当金等を取得した相続人（相続を放棄した者および相続権を失った者を除く）の非課税限度額は次のとおり。 非課税限度額：「500万円×法定相続人の数」 死亡後3年を超えて支給が確定した退職金は、受け取った者の一時所得として扱う。
弔慰金	被相続人の死亡により支払われる弔慰金の非課税限度額は次のとおり。 ・業務上の死亡の場合：普通給与（賞与を除く）の36か月分 ・業務外の死亡の場合：普通給与（賞与を除く）の6か月分 非課税限度額を超える部分については、死亡退職金として扱われる。

生命保険の非課税限度額

問56　被相続人を契約者（＝保険料負担者）および被保険者とする生命保険契約から、相続人は妻Ａさん、長男Ｂさん、長女Ｃさん、次女Ｄさんである場合に、それぞれ次のとおり死亡保険金を受け取っている。この場合、妻Ａさんに適用される生命保険金の非課税金額について、正しいものはどれですか。

【前提】死亡保険金の受取額

　妻Ａさん　　：3,000万円、長男Ｂさん：1,000万円、長女Ｃさん：1,000万円、
　次女Ｄさん：1,000万円

　※上記以外に、被相続人の死亡により支払われた保険金はない。

　　次女Ｄさんは、相続を放棄している。次女Ｄさんのほかに相続を放棄した
　　者はいない。

A． 500万円

B． 1,000万円

C． 1,200万円

D． 2,000万円

選択肢の説明

　生命保険金の非課税限度額は「500万円×法定相続人の数」で計算され、「法定相続人の数」は、相続を放棄した者がいたとしても、相続放棄がなかったものとした場合の人数となる。

　よって、本問の場合の非課税限度額は「500万円×4人[※1]＝2,000万円」となる。

　　※1　妻Ａさん、長男Ｂさん、長女Ｃさん、次女Ｄさんの4人

　この2,000万円の非課税限度額を、各相続人が受け取った死亡保険金の額に応じて、按分すると、各相続人に適用される非課税金額は次のとおりである。

　妻Ａさん　　：2,000万円×3,000万円／5,000万円[※2]＝1,200万円
　長男Ｂさん：2,000万円×1,000万円／5,000万円[※2]＝400万円
　長女Ｃさん：2,000万円×1,000万円／5,000万円[※2]＝400万円

次女Ｄさん：非課税は適用されない。

　※2　妻Ａさん3,000万円＋長男Ｂさん1,000万円＋長女Ｃさん1,000万円＝5,000万円

したがって、正解はC. である。

正解　C

解説　テキスト第2分冊　122頁参照

　生命保険金の非課税限度額は「500万円×法定相続人の数」で計算され、「法定相続人の数」は、相続を放棄した者がいたとしても、相続放棄がなかったものとした場合の人数となる。

　なお、相続人が受け取った死亡保険金は、非課税の適用を受けることができるが、相続を放棄した者または相続権を失った者が受け取った死亡保険金は、非課税の適用を受けることはできない。

　各相続人が受け取った生命保険金に適用される非課税金額は、次のとおりである。

① 相続人の取得した生命保険金の合計額が非課税限度額以下である場合
　各相続人の取得した保険金の額
② 相続人の取得した生命保険金の合計額が非課税限度額を超える場合
　非課税限度額×その相続人が取得した保険金の額／各相続人が取得した保険金の合計額※
　＝各相続人の非課税金額
　　※相続を放棄した者が受け取った死亡保険金は含まれない。

　生命保険金の非課税限度額は、各相続人が受け取った死亡保険金の額に応じて、按分して適用される。

相続税の節税対策

問57　相続税の節税対策として、正しくないものはどれですか。

A．生前贈与の活用
B．借入金の活用による不動産購入
C．相続財産としての不動産の活用
D．生命保険の活用

選択肢の説明

A．適切。暦年贈与（年間110万円の基礎控除）や贈与税の配偶者控除（居住用不動産の取得資金の贈与などによる2,000万円の非課税）など、生前贈与の活用は、相続財産を減少させる効果があるので、相続税の節税対策として有効である。

B．不適切。借入金を活用して不動産の購入等を行った場合、利息負担分のうち一定額は経費となるため所得税の節税効果が見込める場合があるが、相続財産の評価引き下げ効果はない。

C．適切。土地は路線価（公示価格の80％相当の水準）、建物は固定資産税評価額により評価されるため、不動産の活用は、財産の評価額を引き下げる効果がある。相続税の節税対策として有効である。

D．適切。生命保険の死亡保険金は、「500万円×法定相続人の数」まで相続税が非課税となるため、生命保険の活用は、財産の評価額を引き下げる効果がある。相続税の節税対策として有効である。

正解　B

解説 テキスト第2分冊　122頁、129頁～137頁、145頁～152頁参照

　相続税の節税対策とは、納付すべき相続税額を相続開始前に少なくする対策で、財産を贈与により減少させる方法と、財産の評価額を引き下げる方法がある。主な対策とその効果は次のとおりである。

対　策	効　　果
暦年贈与	暦年贈与（年間110万円の基礎控除）を活用し、相続財産を減少させる方法である。
贈与税の配偶者控除	婚姻期間が20年以上の配偶者から居住用不動産や、居住用不動産を取得するための金銭の贈与について、最高2,000万円まで贈与税が非課税となる制度である（別途110万円の基礎控除の適用も可能）。 なお、配偶者控除の適用を受けた贈与財産は、相続開始前3年以内*の生前贈与加算の対象とはならない。
不動産の活用	土地については路線価（公示価格の80％相当の水準）、建物は固定資産税評価額により評価されるため、財産の評価額を引き下げる効果がある。また、賃貸アパートなどを建築することで、さらに評価額を引き下げることができる。 なお、借入金には相続財産の評価引き下げ効果はない。
生命保険の活用	生命保険の死亡保険金受取人を相続人とした場合、「500万円×法定相続人の数」は相続税が非課税となるため、金融資産で保有するよりも、評価引き下げ効果がある。

＊2024年1月1日以降の贈与から、加算年数の段階的延長が適用され、最終的には（2031年1月以降の相続から）相続開始前7年以内まで遡ることが決定された。

名義財産、名義預金

問58　名義財産、名義預金に関する説明について、誤っているものはどれですか。

A. 名義財産とは、一般的に被相続人に帰属する財産であるにもかかわらず、被相続人以外の名義になっている財産のことをいう。

B. 税務調査において、特に申告漏れの指摘を受けることが多い財産は、名義預金である。

C. 相続税の申告後に、税務調査を受けて名義財産が指摘された場合には、名義財産の金額に係る相続税を支払うことにより、納税事務は完結する。

D. 相続開始前に被相続人から贈与を受けた相続人等は、名義預金（被相続人の財産）ではなく、贈与を受けたことを示す証拠を保管しておくことが肝要である。

選択肢の説明

A. 適切。名義財産の例をあげれば、①他人名義（家族名義を含む）で所有する預貯金等、②財産の取得後に名義書換をしていない株式等、③財産の取得後にその取得に係る登記をしていない不動産等、④契約者と保険料負担者が異なる保険契約等、がある。

B. 適切。

C. 不適切。相続税本税に加えて、延滞税や加算税（過少申告加算税または重加算税）が賦課されることに留意が必要である。

D. 適切。贈与は諾成契約であるため、贈与者、受贈者双方の合意が必要であることを理解したうえで、贈与の事実を示す証拠を保管しておくことが肝要である。

正解　C

解説　テキスト第2分冊　123頁〜125頁参照

　生前贈与であることを示す証拠を残すための対応策としては、次のようなことがあげられる。

○受贈者が贈与の事実（いつ贈与を受けたか）を認識する。

　双方の合意がなければ、贈与は成立しないことを理解しておく。

○贈与契約書を作成する。

・贈与者および受贈者本人が自署し、別々の印鑑（認印可）で捺印する。

・公証役場にて確定日付を付す。

○贈与の履行の記録（預金の移動履歴）を残す。

・贈与者の預金口座を通じて、既存の受贈者の預金口座に振り込む。

・贈与契約書に記載されている日付に振込をする。

・金融機関が発行する振込証明書を契約書に添付して保管する。

・振込先の預金口座開設時の届出印は、贈与者と別の印鑑を使用する。

・振込先の預金口座開設時の届出住所は、受贈者の住所を記載する。

○贈与税の申告をする。

・年間110万円を超える贈与については、受贈者が贈与税の申告をする。

・贈与税の申告書の控えは、受贈者が保管する。

○通帳等は受贈者が管理する。

・通帳、キャッシュカード、印章（届出印）等の管理は、受贈者が行う。

相続税の税額控除

> **問59 相続税の税額控除に関する次の記述のうち、正しいものはど**
> **れですか。**

A. 相次相続控除とは、相続人が相続等により財産を取得した場合、当該相続（第二次相続）に係る被相続人が当該相続の開始前10年以内に開始した相続（第一次相続）により財産を取得しているときにおいて、第一次相続において課せられた相続税のうち、一定額につき税額控除の適用を受けることができるという制度である。

B. 贈与税税額控除（暦年課税分）、配偶者の税額軽減、未成年者控除、障害者控除、相次相続控除、外国税額控除を計算していく過程で、相続税額がマイナスになった場合には、税金の還付を受けることができる。

C. 税額控除の計算において、相続時精算課税分の贈与税額を、相続税額から控除しきれない場合（税額がマイナスとなる場合）においても、税の還付を受けることはできない。

D. 相続開始前3年以内に被相続人から贈与を受け、贈与税を支払った財産の価額を相続税の課税価格に加算する場合、当該贈与財産については、贈与税と相続税が二重に課税されることになるがやむを得ないこととされている。

選択肢の説明

A. 適切。

B. 不適切。各制度の控除を行った後で、相続税額がゼロまたはマイナスになった場合には、後順位の税額控除を差し引くことなく、その者の納付すべき相続税額はないものとされるが、相続税額から控除しきれない金額があっても還付を受けることはできない。

C. 不適切。税額控除の計算において、相続時精算課税分の贈与税額を、相続税額から控除しきれない場合（税額がマイナスとなる場合）には、税の還付を受けることができる。

D. 不適切。相続開始前3年以内に被相続人から贈与を受け、贈与税を支払った財産の価額を相続税の課税価格に加算する場合、当該贈与財産について

は、贈与税と相続税が二重に課税されることになってしまう。これに関しては、二重課税防止の観点から、その贈与税額（本税のみ）を相続税額から控除することができる。

正解　A

解説　テキスト第2分冊　118頁、125頁〜126頁参照

相続税の税額控除の適用順序は下記のとおりである。

税額控除	①贈与税額控除（暦年課税分）
	②配偶者の税額軽減
	③未成年者控除
	④障害者控除
	⑤相次相続控除
	⑥外国税額控除
	⑦贈与税額控除（相続時精算課税分）

【STEP 1】①から⑥の順で控除する。
控除後の相続税額がゼロまたはマイナスになった場合には、後順位の税額控除を差し引くことなく、その者の納付すべき相続税額はないものとされる（相続税額から控除しきれない金額があっても還付を受けることはできない）。
【STEP 2】最後に⑦を控除する。

⑦の相続時精算課税の贈与税額を、相続税額から控除しきれない場合（税額がマイナスとなる場合）には、還付を受けることができる。

相続税の配偶者の税額軽減

> **問60　相続税における配偶者の税額軽減に関する次の記述のうち、正しいものはどれですか。**

A．配偶者の税額軽減の適用を受けると、その軽減効果が大きいため、当該配偶者の死亡による二次相続を踏まえても、最終的な相続税負担額は必ず少なくなる。

B．この制度により、配偶者の課税価格が1億5,000万円までは相続税が課税されないものとなっている。

C．配偶者の税額軽減の適用対象となるのは、原則として相続税の申告期限までに遺産分割等により配偶者が実際に取得した財産に限られ、その財産につき期限内に相続税の申告をすることを要件とするが、申告期限から10年以内に遺産分割が確定した場合は遡って適用することができる。

D．配偶者が相続を放棄した場合であっても、遺贈により取得した財産等について適用することができる。

選択肢の説明

A．不適切。配偶者の税額軽減制度は、節税効果の高い制度であるが、当該配偶者が死亡した場合の二次相続までを踏まえると、本制度の適用を受けない方が、最終的に相続税負担額が小さくなることが起こりうる。したがって、実際に二次相続のシミュレーションを行ったうえで、配偶者の取得割合を検討することが望ましい。

B．不適切。配偶者の税額軽減の対象となるのは、配偶者の課税価格ベースで、配偶者の法定相続分または1億6千万円のいずれか多い方の金額以下の価額にかかる相続税である。例えば、他に相続人がいない場合は、配偶者の法定相続分は10割（全部）となるため、全ての財産を取得しても相続税はゼロとなる。

C．不適切。配偶者の税額軽減の対象となる財産は、原則として相続税の申告期限までに遺産分割等により配偶者が実際に取得した財産に限られ、その財産につき相続税の申告をすることが要件となる。なお、申告期限までに遺産分割が成立しない場合には、期限内申告は適用できないが、申告期限

から原則として3年以内に遺産分割が確定したときは、更正の請求をすることにより、配偶者の税額軽減の特例を遡って適用できる。

D. 適切。配偶者が相続放棄した場合であっても、遺贈により取得した財産や生命保険金等にかかる相続税については、配偶者の税額軽減の適用を受けることができる。

正解　D

解説　テキスト第2分冊　126頁〜128頁参照

配偶者の税額の軽減とは、被相続人の配偶者が遺産分割や遺贈により取得した財産の価額が「配偶者の法定相続分相当額」または「1億6千万円」のいずれか多い金額までは、相続税が課税されない制度である。

配偶者の税額軽減の制度概要は、次のとおりである。

項　目	内　　容
適用要件	被相続人と正式な婚姻関係に基づく配偶者が、その被相続人から相続または遺贈により財産を取得した場合。
相続財産が未分割の場合	実際に取得した財産に適用されるため、未分割の財産は、配偶者の税額軽減の対象とならない。ただし、申告期限後3年以内に分割が行われた場合は、更正の請求を行うことによって配偶者の税額軽減を適用することができる。
申告要件	納付税額がゼロになった場合でも相続税の申告書は必ず提出しなければならない。
控除額	配偶者の法定相続分または1億6千万円のいずれか多い金額。

配偶者の税額軽減の適用を受ける場合には、一定の書類を添付して申告しなければ、適用を受けることができない。なお、宥恕規定（災害などのやむを得ない事情がある時に例外的な対応を認める規定）はある。

相続財産の評価（全般）

> ### 問61　相続財産の評価に関する説明について、誤っているものはどれですか。

A．路線価が定められている地域にある宅地は、路線価に一定の倍率を乗じた価格により評価する。

B．上場株式は、相続の開始日の終値や相続開始月の終値の平均値などのうち、最も低い価額により評価する。

C．預貯金は、相続開始の日現在の預金残高に、既経過利子の額を加算した金額により評価する。

D．上場している投資信託や不動産投資信託は、上場株式の評価方法に準じて評価する。

選択肢の説明

A．不適切。宅地の評価について、路線価が定められている地域にある宅地は、「路線価方式（路線価×対象面積×補正率など）」により評価を行う。

B．適切。上場株式は、相続の開始日の終値、相続開始月の終値の平均値、相続開始月の前月の終値の平均値、相続開始月の前々月の終値の平均値の4つの金額のうち、最も低い価額を1株当たりの金額として評価する。

C．適切。預貯金は、相続開始日の預金残高に、その時点において解約した場合に支払いを受けることができる既経過利子の額（源泉徴収後の金額）を加算した額により評価する。

D．適切。上場している投資信託や不動産投資信託は、上場株式の評価方法に準じて評価する。

正解　A

解説　テキスト第２分冊　128頁〜132頁、137頁〜139頁参照

　相続財産の評価に関し、相続税法第22条では、「相続、遺贈または贈与により所得した財産の価額は、当該財産の取得の時における時価による」と定められている。同価額は、原則として「財産評価基本通達」に定める評価方法により評価する。なお、評価方法の定めのない財産の価額は、この通達に定める評価方法に準じて評価する。

　主な相続財産ごとの評価方法は、次のとおりである。

相続財産	評価方法
宅　地	路線価が定められている地域は「路線価方式（路線価×対象面積×補正率等）」、路線価が定められていない地域は「倍率方式（固定資産税評価額×一定倍率）」により評価される。
家　屋	固定資産税評価額
上場株式	次の価額のうち、最も低い価額による。 ・相続の開始日の終値（最終価格） ・相続開始月の終値の月平均値 ・相続開始月の前月の終値の月平均値 ・相続開始月の前々月の終値の月平均値
取引相場のない株式・出資	会社の規模の大小、株主の態様、資産の構成割合等に応じて、次の方法による。 ・類似業種比準方式（原則：大会社） ・純資産価額方式（原則：小会社） ・上記の併用方式（原則：中会社） ・配当還元方式（同族株主以外の株主等<同族関係者の友人・取引先等>）
預貯金（定期預金等）	相続開始の日現在の預け入れ残高に、相続開始の日現在において解約するとした場合に支払いを受けることができる既経過利子（源泉徴収後の金額）の額を加算した金額
貸付金債権	元本の価額に課税時期現在の既経過利息の額を加算した金額
取引相場のあるゴルフ会員権	課税時期における通常の取引価格×70％

相続財産（家屋）の評価

問62　被相続人が所有するアパート（貸家）の評価方法として、誤っているものはどれですか。

A．土地は貸家建付地として評価する。

B．建物は固定資産税評価額×（1－借家権割合×賃貸割合）で評価する。

C．建築中の建物はその家屋の費用現価で評価する。

D．借家権割合は0.3である。

選択肢の説明

A．適切。貸家建付地とは、貸家の敷地の用に供されている宅地、すなわち、所有する土地に建築した家屋を他に貸し付けている場合の、その土地のことをいう。

B．適切。

C．不適切。建築中の建物は、その家屋の費用現価×70％で評価する。

D．適切。借家権割合は全国において0.3（30％）とされている。

正解　C

解説　テキスト第2分冊　129頁〜130頁参照

　家屋の評価単位は、原則として、1棟の家屋ごとに評価する。家屋の価額は、評価対象となる家屋の状態に応じて、次のように評価する。

区　分	財産評価基本通達の定めによる評価方法
自用家屋	固定資産税評価額$^{(※)}$×1.0（一定倍率） （使用貸借による貸家は、自用家屋として評価）
貸　　家	自用家屋評価額×（1−借家権割合×賃貸割合） 　借家権割合…全国において30％とされている 　賃貸割合…下記により計算 　賃貸している各独立部分の床面積の合計÷当該家屋の各独立部分の床面積の合計
建築中の家屋	費用現価×70／100 　費用現価…課税時期までに投下した費用の額を課税時期の価額に引き直した額の合計額

（※）　増改築等を行った家屋で、課税時期において固定資産税評価額に増改築等による価値上昇分が反映されていない場合の相続税評価については、実務上、当該増改築等にかかる部分の再建築価額から課税時期までの償却費相当額を控除した価額の70％に相当する金額を加算して評価する。

相続財産(不動産)の評価

> **問63 相続により取得した不動産の評価に関する説明について、正しいものはどれですか。**

A. 宅地の価額は1筆ごとに評価する。

B. 路線価方式による宅地は、路線価に奥行価格補正などの宅地の形状等による補正を行って評価する。

C. 倍率方式による宅地は、路線価に国税局長が定める一定の倍率を乗じた価格が評価額となる。

D. 倍率方式により宅地を評価する際には、宅地の形状等による事情は国税局長の定める一定の倍率の中に反映されているため、原則、補正は不要である。

選択肢の説明

A. 不適切。宅地の価額は、1筆（土地登記簿上の1個の土地）ごとではなく、1画地の宅地（利用の単位となっている1区画の宅地）ごとに評価する。

B. 適切。路線価方式による宅地は、路線価（正面路線価）に奥行価格補正、側方路線影響加算、二方路線影響加算などの宅地の形状等による補正を行って評価する。

C. 不適切。倍率方式による宅地は、「固定資産税評価額×国税局長が定める一定の倍率」により計算された価格が評価額となる。

D. 不適切。倍率方式により宅地を評価する際、宅地の形状等による事情は固定資産税評価額の算出の際に補正が行われている。国税局長が定める一定の倍率の中で考慮されているものではない。

正解　B

解説　テキスト第2分冊　131頁～132頁参照

　土地等のうち、宅地（自宅の敷地や更地などの自用地）については、路線価方式と倍率方式により評価を行い、その評価方法は、次のとおりである。

評価方法	計算方法
路線価方式	「自用地評価額＝路線価（正面路線価）×奥行価格補正率×地積」 路線価方式による宅地は、宅地の接する前面道路の路線価（正面路線価）に奥行価格補正、側方路線影響加算、二方路線影響加算などの宅地の形状等による補正を行って評価する。 奥行価格補正率は、地区区分により奥行の距離に応じて異なるが、奥行の距離が長くなるほど小さくなるわけではない。
倍率方式	「自用地評価額＝固定資産税評価額×国税局長が定める一定の倍率」 倍率方式による宅地は、路線価が定められていない地域（市街地や田畑など）で、その土地の固定資産税評価額に国税局長が定める一定の倍率を乗じた価格が評価額となる。 なお、固定資産税評価額は、その土地の形状や立地条件等による事情が考慮されているため、その評価にあたり補正率などを用いる必要はない。

相続財産(貸宅地・貸家建付地)の評価1

問64　宅地や建物などの相続財産の評価方法に関する説明について、正しいものはどれですか。

A．普通借地権の評価は、「自用地評価額×(1－借地権割合)」により計算する。

B．貸宅地の評価は、「自用地評価額×借地権割合」により計算する。

C．自用建物は、「固定資産税評価額×1.0」により計算する。

D．貸家の評価は、「固定資産税評価額×(1－借家権割合)」により計算する。

選択肢の説明

A．不適切。普通借地権とは、土地を借りて地代を支払い、その土地に自己名義の建物を建てている場合等の土地を利用する権利をいい、「自用地評価額×借地権割合」により計算する。

B．不適切。貸宅地(地主が有する宅地のうち普通借地権の設定されている宅地)の評価は、「自用地評価額×(1－借地権割合)」により計算する。

C．適切。自用建物(自宅や別荘など)の評価は、「固定資産税評価額(固定資産課税台帳に登録された価格)」とする。

D．不適切。賃貸アパートなどの貸家の評価は、「固定資産税評価額×(1－借家権割合×賃貸割合)」により計算する。

正解　C

解説　テキスト第2分冊　135頁〜137頁参照

宅地等の相続財産の評価方法は、次のとおりである。

種　類	評価方法
自用建物	自宅や別荘などの、建物所有者が自由に利用できる建物を「自用建物」といい、「固定資産税評価額（固定資産課税台帳に登録された価格）」により評価する。
貸家 （貸付用建物）	「貸家（貸付用建物）評価額＝固定資産税評価額×（1－借家権割合×賃貸割合）」 賃貸アパートなどの賃貸建物を「貸家（貸付用建物）」といい、借家権割合は全国一律30％、賃貸割合は課税時期においてその建物のうち実際に賃貸している部分の割合（面積割合）となる。
普通借地権 （借地）	「普通借地権＝自用地評価額×借地権割合（地域ごとに国税局長が定める割合）」 普通借地権とは、地主から土地を借りて地代を支払い、その土地に自己名義の建物を建てている場合等の土地を利用する権利をいう。
貸宅地 （底地）	「貸宅地評価額＝自用地評価額×（1－借地権割合）」 貸宅地（底地）とは、地主の有する宅地のうち普通借地権の設定されている宅地をいい、自用地評価額から普通借地権の評価額を控除して評価する。 なお、使用貸借による宅地（例えば、親名義の土地を無償で子が借りて、子名義の家を建てる場合）は、自用地として評価される。
貸家建付地	「貸家建付地評価額＝自用地評価額×（1－借地権割合×借家権割合×賃貸割合）」 貸家建付地とは、地主が自己の有する宅地に賃貸アパートなどの賃貸建物を建築し、賃貸している場合の敷地をいい、貸宅地（底地）とは評価方法が異なる。

相続財産（貸宅地・貸家建付地）の評価 2

> 問65　賃貸用不動産（土地 1 億円、建物7,000万円）を相続した場合に、土地および建物の相続税評価額の合計額として、正しいものはどれですか。なお、借地権割合は70％、借家権割合は30％、賃貸割合は100％である。

A．9,100万円

B．1 億2,800万円

C．1 億3,430万円

D．1 億7,000万円

選択肢の説明

　賃貸用不動産のうち、建物の評価額は次のとおりとなる。

　　7,000万円×（ 1 −0.3× 1 ）＝4,900万円

　賃貸用不動産のうち、土地（貸家建付地）の価額は次のとおりとなる。

　　10,000万円×（ 1 −0.7×0.3× 1 ）＝7,900万円

　相続税評価額の合計額：4,900万円＋7,900万円＝ 1 億2,800万円

　したがって、正解はB．である。

正解　B

解説　テキスト第2分冊　135頁〜137頁参照

　賃貸用不動産（貸家および貸家建付地）の評価方法は次のとおりである。

> 貸家（貸付用建物）評価額＝固定資産税評価額×（1 −借家権割合×賃貸割合）
> 貸家建付地評価額＝自用地評価額×（1 −借地権割合×借家権割合×賃貸割合）

相続税の小規模宅地等の特例1

> **問66　相続税の課税価格の計算における小規模宅地等の特例に関する説明について、誤っているものはどれですか。**

A．小規模宅地等の特例は、宅地を取得した相続人ごとに適用できるかどうかを判定する。

B．特定居住用宅地等についての小規模宅地等の特例の適用に関しては、330㎡を限度面積として80％の評価減の適用を受けることができる。

C．生前贈与した宅地については、小規模宅地等の特例の適用を受けることはできない。

D．特定事業用宅地等についての小規模宅地等の特例の適用に関しては、200㎡までについて50％の評価減の適用を受けることができる。

> **選択肢の説明**

A．適切。小規模宅地等の特例は、宅地を取得した相続人ごとに適用の有無を判定する。

B．適切。特定居住用宅地等についての小規模宅地等の特例の適用に関しては、330㎡までの部分について80％の評価減の適用を受けることができる。

C．適切。小規模宅地等の特例は、相続税の特例となっているため、生前贈与した宅地については、小規模宅地等の特例の適用を受けることはできない。

D．不適切。特定事業用宅地等（不動産貸付業以外の事業）に該当する場合、小規模宅地等の特例の適用に関しては、400㎡までの部分について80％の評価減の適用を受けることができる。

正解　D

> **解説**　テキスト第2分冊　132頁〜134頁参照

　居住用または事業用に利用されている宅地については、<u>特定居住用宅地等</u>、<u>特定事業用宅地等</u>、<u>特定同族会社事業用宅地等</u>、<u>貸付事業用宅地等</u>に区分され、一定の要件に該当する場合、相続税評価額が減額される特例があり、その制度概要は次のとおりである。

対象地	内　　容	限度面積	減額割合
特定居住用宅地等	被相続人の居住の用に供されていた宅地 ・被相続人の配偶者が取得した場合は、売却・賃貸をしても適用を受けることができる。 ・配偶者以外の親族が取得した場合は、申告期限までその宅地等を継続して保有し、かつ、継続して居住していなければならない。	330㎡	80%
特定事業用宅地等 （個人事業の場合）	被相続人の事業の用に供されていた宅地等（貸付事業以外の事業の用に供されていた宅地等）で、事業承継者である親族が取得した宅地等	400㎡	80%
特定同族会社 事業用宅地等 （会社経営の場合）	特定同族会社の事業の用に供されていた宅地等（貸付事業以外の事業の用に供されていた宅地等）で、被相続人の親族が取得した宅地等	400㎡	
貸付事業用宅地等 （不動産貸付業等）	被相続人の貸付事業用（不動産貸付業、駐車場事業など）の用に供されてされていた土地（または借地権等）	200㎡	50%

　小規模宅地等の特例は、宅地を取得した相続人ごとに適用の有無が判定されるが、小規模宅地の特例の適用を受けられる宅地を、生前贈与（暦年課税や相続時精算課税）を利用して贈与した場合には、小規模宅地の特例の適用を受けることはできない。

相続税の小規模宅地等の特例 2

> **問67　相続税の小規模宅地等の特例に関する説明について、正しいものはどれですか。**

A. 小規模宅地等の特例の対象となる宅地等が複数ある場合において、特定事業用宅地等と特定居住用宅地等については、限定的に特例を適用（「限定併用」）することになる。

B. 「特定居住用宅地等」と「貸付事業用宅地等」については、小規模宅地等の特例を完全に併用すること（「完全併用」）が可能である。

C. 被相続人または生計一親族の居住の用に供されていた宅地等で、その被相続人の配偶者が取得した場合は、無条件に特定居住用宅地等に該当する。

D. 被相続人または生計一親族の居住の用に供されていた宅地等で、配偶者以外の親族が取得した場合には、特定居住用宅地等の特例が適用されることはない。

選択肢の説明

A. 不適切。「特定事業用宅地等または特定同族会社事業用宅地等」と「特定居住用宅地等」は小規模宅地等の特例を完全に併用すること（「完全併用」）が可能である。

B. 不適切。選択した宅地等に「貸付事業用宅地等」が混在していた場合には、限定的に特例を適用（「限定併用」）することになる。

C. 適切。

D. 不適切。被相続人または生計一親族の居住の用に供されていた宅地等で、その被相続人の配偶者以外の親族が取得した場合においても、実際に居住している者を優先的に保護すべく、一定の要件の下で、小規模宅地等の特例の適用対象となる。

正解　C

解説　テキスト第2分冊　132頁〜134頁参照

　特例対象宅地等が複数ある場合、納税者が有利になるように限度面積の範囲内で最も減額金額が高い宅地等から優先的に小規模宅地等の特例を適用する。

　なお、「特定事業用宅地等または特定同族会社事業用宅地等」と「特定居住用宅地等」は完全併用が可能であるが、選択した宅地等に「貸付事業用宅地等」が混じる場合には、次のように限定併用となる。

【完全併用】
次の組合せであれば、最大730㎡（400㎡＋330㎡）まで選択が可能 　・特定事業用宅地等（400㎡）＋特定居住用宅地等（330㎡） 　・特定同族会社事業用宅地等（400㎡）＋特定居住用宅地等（330㎡）
【限定併用】（選択した宅地等に貸付事業用宅地等が混じる場合）
選択した宅地等に貸付事業用宅地等が混じる場合、次の調整計算が必要

$$\left(\text{特定事業用・特定同族会社事業用宅地等の面積} \times \frac{200}{400} + \text{特定居住用宅地等の面積} \times \frac{200}{330}\right) + \text{貸付事業用宅地等の面積} \leq 200㎡$$

　被相続人に持ち家がある場合において、特定居住用宅地等は、次のように取得者が限定されている。すなわち、被相続人または生計一親族の居住の用に供されていた宅地等で、その被相続人の配偶者が取得した場合は、無条件に特定居住用宅地等に該当する。また、実際に居住している者を優先的に保護すべく、配偶者以外の親族が取得した場合においても、一定の要件の下、当該特例の適用対象とする。特定居住用宅地等の適用要件は下表のとおりである。

区分	相続開始直前の宅地等の要件	取得者要件	申告期限までの継続要件	
			所有	居住
A	被相続人の居住の用に供されていた宅地等	配偶者	－	－
		同居親族	継続	継続
		家なき子(※)	継続	－
B	生計一親族の居住の用に供されていた宅地等(※※)	配偶者	－	－
		生計一親族	継続	継続

（※）　被相続人の同居親族が、転勤等により別居して賃貸暮らしをしている間に相続が発生した場合に、その者の将来の居住を保護する趣旨のものである（家なき子特例）。

（※※）　同居親族や家なき子が、生計一親族の居住用宅地等を相続しても適用なし。

相続税における金融資産の評価

問68 相続税における金融資産の評価に関する説明について、誤っているものはどれですか。

A. 取引相場のあるゴルフ会員権は通常の取引価格×70％で評価する。

B. 上場株式は課税時期の終値、または課税時期が属する月の終値の月平均額のうち、低い価額で評価する。

C. 取引所に上場されている不動産投資信託は、上場株式の評価に準じて評価する。

D. 個人年金保険で10年確定の年金支払期間中に受取人が死亡し配偶者が相続する場合、年金受給権は定期金に関する権利の評価に基づき評価する。

選択肢の説明

A. 適切。取引価格に含まれない預託金等があるときは、設問で算出した評価額に預託金等の返還可能額を合計して評価する。

B. 不適切。課税時期の属する月の前月および前々月の終値の月平均額も、対象に含め、そのうち最も低い価額で評価する。

C. 適切。金融商品取引所に上場されている証券投資信託の受益証券は、上場株式の評価方法に準じて評価する。

D. 適切。

正解　B

解説　テキスト第2分冊　137頁〜139頁参照

　ゴルフ会員権および上場株式の評価については、問61の解説参照。

　証券投資信託の受益証券は、下記のような区分に従い、それぞれ課税時期において解約請求または買取請求（以下、解約請求等）により、証券会社等から支払を受けることができる価額により評価する。

① 日々決算型受益証券（中期国債ファンド、MMF、MRF等）
課税時期の 1口当たり × 口数 ＋ 再投資され ていない ×（1 －源泉徴収税率）－ 信託財産留保額 及び解約手数料 の基準価額　　　　　　未収分配金　　　　20.315%　　　　（消費税等含む）
② 日々決算型以外の受益証券（上場されていないもの）
課税時期の 1口当たり × 口数 － 課税時期において解約請求等した 場合に源泉徴収されるべき －信託財産留保額 及び解約手数料 の基準価額　　　　　所得税等の額に相当する金額　　（消費税等含む）
③ 金融商品取引所に上場されている証券投資信託の受益証券
上場株式の評価方法に準じて評価する。

　いわゆる民間の個人年金保険のような生命保険契約以外の<u>定期金</u>（給付契約）に関する権利の評価は下記のとおりである。

① 　<u>給付事由が発生する前の定期金</u>…掛け金または保険料の負担者である被相続人が死亡した場合には、その定期金給付契約の契約者（被相続人以外の者）が、当該契約に関する権利を相続または遺贈により取得したものとみなされる。この定期金に関する権利の価額は、解約返戻金を支払う旨の定めの有無、当該契約の掛け金または保険料が一時払いか否かによって評価が異なる。

② 　<u>給付事由が発生している定期金</u>…相続により当該契約に関する権利を取得した場合は、生命保険金と同様に、相続または遺贈により取得したものとみなされる。この場合、有期定期金、無期定期金または終身定期金の態様に応じ、それぞれ次のように評価する。

次に掲げる1～3の金額のうち、いずれか多い金額により評価	
1	解約返戻金の額
2	定期金に代えて一時金の給付を受けることができる場合には、その一時金の額。
3	① 　有期定期金の場合 （給付を受けるべき金額の1年当たりの平均額）×（残存期間に応ずる予定利率による複利年金現価率） ② 　無期定期金の場合 （給付を受けるべき金額の1年当たりの平均額）÷当該契約に係る予定利率 ③ 　終身定期金の場合 （給付を受けるべき金額の1年当たりの平均額）×（終身定期金に係る定期金給付契約の目的とされた者の余命年数に応ずる予定利率による複利年金現価率）

贈与税と相続税1

> **問69　贈与税と相続税の説明について、誤っているものはどれですか。**

A．法人からの贈与については、贈与税は非課税となる。

B．相続税の課税価格に加算される贈与財産については、贈与時の価額により加算される。

C．相続税の課税価格に加算される贈与財産は、相続開始前1年以内の贈与財産に限られる。

D．相続税の課税価格に加算されるのは、相続または遺贈により財産を取得した相続人等に限られる。

選択肢の説明

A．適切。法人からの贈与については、贈与税は非課税となり、所得税（給与所得や一時所得など）が課税される。

B．適切。相続税の課税価格に加算される贈与財産については、贈与時の価額により加算される。そのため、時価が上昇しそうな財産は、生前贈与を検討するとよい。

C．不適切。相続税の課税価格に加算される贈与財産は、相続開始前3年以内の贈与財産に限られる。ただし、2023年度（令和5年度）の税制改正により、2024年1月1日以降の贈与から、加算年数の段階的延長が適用され、最終的には（2031年1月以降の相続から）相続開始前7年以内まで遡ることが決定された。

D．適切。相続税の課税価格に加算されるのは、相続または遺贈により財産を取得した相続人等に限られる。そのため、相続または遺贈により財産を取得しなかった場合には、生前贈与加算は適用されない。

正解　C

解説　テキスト第2分冊　143頁〜144頁参照

相続税と贈与税の関係をまとめると下表のとおりである。

	相続税	贈与税
役割	富の再配分 貧富の格差の固定化の防止	相続税の補完
移転先	制限あり（一定の親族関係）	制限なし
発生原因	被相続人の死亡	贈与者と受贈者の合意
税負担者	遺産を取得した相続人	受贈者
非課税枠	3,000万円 ＋600万円×法定相続人の数	年間110万円
税率	超過累進課税（10％〜55％）	超過累進課税（10％〜55％） 一般税率と特例税率がある

生前贈与加算の概要は問70の解説参照。

贈与税と相続税 2

問70 贈与税と相続税の説明について、正しいものはどれですか。

A. 相続で財産を取得していない被相続人の孫に相続開始前 3 年以内に贈与した金銭は相続財産に持ち戻して計算する。

B. 通常必要な範囲で、祖父から孫へ渡した教育費は贈与税の対象である。

C. 贈与税の配偶者控除は基礎控除と別に計算される。

D. 相続人が相続を放棄した場合、その者が相続開始前 3 年以内に受け取った財産は相続財産に含まれる。

選択肢の説明

A. 不適切。生前贈与加算の対象者となるのは、相続、遺贈や相続時精算課税による贈与によって財産を取得した者である。

B. 不適切。扶養義務者（原則として直系血族と兄弟姉妹が含まれる〈民法第877条第 1 項〉）から社会通念上適当と認められる範囲で贈与される生活費や教育費は非課税である。

C. 適切。

D. 不適切。相続放棄をした者は、原則として、生前贈与加算の対象者にならない（その者が遺贈により財産を取得している場合、またはみなし相続財産を取得している場合を除く）。

正解 C

> **解説　テキスト第 2 分冊　143頁〜144頁、151頁〜152頁参照**

　生前贈与加算（相続開始前 3 年以内に被相続人から贈与を受けた財産）の概要は下表のとおりである。

　ただし、2023年度（令和 5 年度）の税制改正により、2024年 1 月 1 日以降の贈与から、加算年数の段階的延長が適用され、最終的には（2031年 1 月以降の相続から）相続開始前 7 年以内に贈与を受けた財産まで加算されることが決定された。

対象者	相続、遺贈や相続時精算課税に係る贈与によって財産を取得した人（相続人等）。
対象の贈与	相続開始前 3 年以内の期間において被相続人から暦年課税による贈与によって取得した財産（ただし、2031年に向けて、3 年以内が 7 年以内へと遡る期間が段階的に延長されることが決定されている）。
課税方法	贈与を受けた財産の贈与時の価額を、その相続税の課税価格に加算したうえで、相続税を算出し、加算対象の贈与財産の価額に対応する贈与税の額を、その加算された人の相続税の金額から控除する。

※次の金額は生前贈与加算の対象外となる。
・贈与税の配偶者控除の特例を適用した場合の配偶者控除額
・住宅取得等資金の贈与の特例を適用した場合の非課税の適用額
・教育資金の一括贈与の特例を適用した場合の非課税の適用額
・結婚・子育て資金の一括贈与の特例を適用した場合の非課税の適用額

贈与税の取扱い

> **問71　贈与税の取扱いに関する説明について、正しいものはどれですか。**

A．離婚による財産分与は贈与税の対象である。

B．時価より著しく低い価額でした不動産の譲渡は、契約自由の原則により、贈与税は課税されない。

C．贈与税は、原則、個人間の贈与が対象である。

D．扶養義務者と被扶養者との間の金銭の贈与は、金額に関係なく贈与税は課税されない。

選択肢の説明

A．不適切。原則として、贈与税はかからない。ただし、「分与された財産の額が、婚姻中の夫婦の協力によって得た財産の額やその他総合勘案しても金額が多過ぎる場合」、「離婚が贈与税や相続税を免れる目的で行われたと認められる場合」などは、贈与税の課税対象となりうる。

B．不適切。みなし贈与として贈与税が課税される場合がある。

C．適切。法人からの贈与により財産を取得した場合には、所得税の課税対象となる。

D．不適切。通常必要と認められる範囲を超える場合は、贈与税の対象となる。

正解　C

解説　テキスト第2分冊　143頁〜144頁、151頁〜152頁参照

　扶養義務者から生活費や教育費として、必要な都度、直接これらの用にあてるために、贈与を受けた財産のうち「被扶養者の需要と扶養者の資力などを総合勘案して社会通念上適当と認められる範囲の財産」については、贈与税が非課税とされている。しかし、一括でまとまったお金の贈与を受けた場合は、必要な都度に該当しないため、贈与税の課税対象となる。このため、贈与税の非課税措置を活用することは、十分検討に値する。

贈与税の暦年課税

> **問72　贈与税の暦年課税に関する説明について、誤っているものは どれですか。**

A．贈与税は、1年間に贈与により取得した財産の価額の合計額が、基礎控除額を超えた場合には、その超えた金額に対して課税される。

B．贈与税の基礎控除額は、財産の贈与者ごとに適用を受けることができる。

C．贈与税の税率は、直系尊属からの贈与と直系尊属以外の者からの贈与により適用税率が異なる。

D．贈与税は、金銭による一括納付が原則であるが、所定の要件を満たせば延納も認められる。

選択肢の説明

A．適切。贈与税の計算は、1月1日から12月31日までの1年間に贈与により取得した財産の価額の合計額から110万円の基礎控除額を控除し、基礎控除額を超えた金額に対して10%～55%までの税率を乗じて計算する。

B．不適切。贈与税の暦年贈与における基礎控除額（110万円）は、財産を取得した受贈者ごとに計算するため、贈与者が複数人いた場合でも、受贈者の1年間の基礎控除額は110万円である。

C．適切。贈与税の税率については、直系尊属からの贈与（受贈者は18歳以上、2022年3月31日以前の贈与の場合は20歳以上）と直系尊属以外の者からの贈与により適用税率が異なる。なお、贈与者である直系尊属についての年齢要件はない。

D．適切。贈与税は、贈与を受けた年の翌年2月1日から3月15日までに、金銭により一括納付することが原則であるが、納付税額が10万円を超えており、金銭により一括して納付することが困難であるなど、所定の要件を満たせば、延納（5年以内に分割して納付）することも認められる。

正解　B

解説　テキスト第2分冊　145頁、167頁参照

　贈与税は、受贈者に対して課される税金であり、贈与税の課税方式の1つである暦年課税とは、受贈者が1年間（1月1日から12月31日）に受け取った財産（贈与財産）の合計金額から、基礎控除額の110万円を控除した残額に対して、贈与税率を乗じることで負担すべき贈与税を算出する方法である。そのため、1年間の贈与財産合計額が110万円以下の場合は、贈与税の負担はない。

　暦年課税の税率は、一般税率と特例税率の2つに区分されており、特例税率は一般税率と比較して、贈与税の税負担が小さくなるように設定されている。すなわち、直系尊属※からの贈与で、かつ、受贈者が18歳以上（2022年3月31日以前の贈与の場合は20歳以上、贈与を受けた年の1月1日時点）の場合には、受け取った財産（特例贈与財産）に対して、特例税率が適用される。一方、特例贈与財産に該当しない財産（一般贈与財産）に対しては、一般税率が適用される。

※自身の直系の上の世代（父母、祖父母等）のことを指し、養父母や養祖父母も含む。
　一方、自身の配偶者の直系の上の世代は含まない。

　一般税率、特例税率の速算表は下記のとおりである。

基礎控除前の課税価格	一般税率と控除額	特例税率と控除額
310万円以下	10%	10%
410万円以下	15%－10万円	15%－10万円
510万円以下	20%－25万円	
710万円以下	30%－65万円	20%－30万円
1,110万円以下	40%－125万円	30%－90万円
1,610万円以下	45%－175万円	40%－190万円
3,110万円以下	50%－250万円	45%－265万円
4,610万円以下	55%－400万円	50%－415万円
4,610万円超		55%－640万円

相続時精算課税制度1

問73　相続時精算課税制度に関する説明について、正しいものはどれですか。

A．相続時精算課税制度は、65歳以上の親から18歳以上の子などに対する贈与に対して適用できる制度である。

B．贈与した財産の価額の合計額（2024年1月以降は年間110万円までの贈与財産は除く）が、贈与税非課税枠（2,500万円）を超えた場合には、その超えた部分について、一律20％の税率を乗じた額の贈与税が課税される。

C．父からの贈与に関し相続時精算課税制度を選択した場合は、母からの贈与についても相続時精算課税制度を選択しなければならない。

D．相続時精算課税制度を適用して初めて贈与を受ける場合、贈与税の申告書と相続時精算課税制度選択届出書を、翌年の3月末までに所轄税務署に提出しなければならない。

選択肢の説明

A．不適切。相続時精算課税は、贈与をした年の1月1日において、<u>60歳以上</u>の親または祖父母から<u>18歳以上</u>（2022年3月31日以前の贈与の場合は20歳以上）の「子または孫」（贈与者の推定相続人）に対する贈与について適用できる制度である。

B．適切。相続時精算課税制度は、贈与された財産の価額の合計額が、贈与税非課税枠（<u>2,500万円</u>）までは贈与税は課税されないが、これを超える部分は、<u>一律20％</u>の贈与税が課税される。なお、2024年1月以降は、年間110万円までの贈与税特別非課税枠が適用されることとなり、年間110万円までの贈与財産は相続財産に加算する必要がなくなった。

C．不適切。相続時精算課税は、父母や祖父母のそれぞれからの贈与に対して適用することが可能であり、相続時精算課税を選択した贈与者以外からの贈与については、暦年課税を選択することもできる。

D．不適切。相続時精算課税制度を適用して初めて贈与を受ける場合、贈与を受けた年の翌年の2月1日から3月15日までに贈与税の申告書と相続時精算課税制度選択届出書を所轄税務署に提出しなければならない。

正解	B

解説　テキスト第 2 分冊　149頁〜151頁参照

　贈与税の課税制度には、「暦年課税」と「相続時精算課税」の 2 つがあり、相続時精算課税は、一定の要件に該当する場合に選択することができる。この制度は、贈与時に贈与財産に対する贈与税を納め、その贈与者が亡くなった時にその贈与財産の贈与時の価額と相続財産の価額とを合計した金額を基に計算した相続税額から、既に納めたその贈与税相当額を控除することにより贈与税・相続税を通じた納税を行うものである。

　相続時精算課税制度を受けるためには、贈与者と受贈者がそれぞれ次の要件を充たす必要がある。

贈与者	60歳以上の者（父母または祖父母など）
受贈者	18歳以上（2022年 3 月31日以前の贈与の場合は20歳以上）の受贈者のうち、贈与者の直系卑属である推定相続人または孫など
（補足事項）	
・年齢は贈与をした年の 1 月 1 日時点で判定する。	
・贈与者の推定相続人とは、「その贈与をした人の相続人のうち、最も先順位の相続権（代襲相続権を含む）のある人」のことをいう。	
・推定相続人であるかは、その贈与の日時点で判定する。	
・直系卑属には、贈与日以前に養子縁組をしている者も含まれるが、養子縁組の解消がなされ推定相続人でなくなった場合においても、養子縁組の解消前の贈与について相続時精算課税の適用を受けている場合には、解消後の贈与についても相続時精算課税が適用される。	

相続時精算課税制度の具体的内容は、下表のとおりである。

適用対象等	内　　容
適用対象財産等	贈与財産の種類、金額、贈与回数に制限はない。
贈与税額の計算	贈与財産の価額の合計額から、複数年にわたり利用できる贈与税非課税枠（限度額：2,500万円）を控除した後の金額に、一律20％の税率を乗じて算出する。 なお、2024年1月以降は、年間110万円までの贈与税特別非課税枠が適用されることとなり、年間110万円までの贈与であれば期間に関係なく相続財産に加算する必要はなくなった。ただし、110万円を超える場合は贈与税申告が必要となり、超えた部分に対しては相続開始前の期間に関係なく必ず相続財産に加算されることとなった。
制度の適用	父母それぞれに相続時精算課税を選択することが可能であり、相続時精算課税に係る贈与者以外の者からの贈与について、暦年課税を選択できる。 ただし、制度の適用を選択すると、選択した年以後に特定贈与者から贈与を受けた財産は、相続時精算課税が適用され、その後、暦年課税を選択することはできなくなる。
適用の届出	初めて相続時精算課税制度の適用により贈与を受ける場合、贈与税の申告書と相続時精算課税制度選択届出書を、贈与を受けた年の翌年の2月1日から3月15日までに所轄税務署に提出しなければならない。

相続時精算課税制度 2

> ### 問74 相続時精算課税を利用する際の注意点について、誤っているものはどれですか。

A. 父親名義の不動産の贈与を受けて、相続時精算課税制度を利用した場合、母親名義の不動産の贈与についても、相続時精算課税制度を利用することができる。

B. 相続時精算課税により贈与された財産は、相続時の価格で相続税の課税価格に加算されるため、将来値下がりが見込まれる財産を贈与しておくと有利である。

C. 相続時に小規模宅地の特例の適用を受けられる宅地を、相続時精算課税を利用して贈与すると、相続時に小規模宅地の特例の適用を受けることができない。

D. 相続時精算課税制度を選択した場合、受贈者が、選択した年以後に特定贈与者から贈与を受けた財産は、すべて相続時精算課税により贈与を受けることになり、選択を取り消すことはできない。

選択肢の説明

A. 適切。相続時精算課税制度については、各直系尊属からの贈与について利用することができるため、父親名義の不動産の贈与を受けて、相続時精算課税制度を利用した場合であっても、母親名義の不動産の贈与について相続時精算課税制度を利用することができる。

B. 不適切。相続時精算課税により贈与された財産は、贈与時の価額により相続税の課税価格に加算されるため、将来値上がりが見込まれる財産や高い収益を生む財産を相続時精算課税により贈与しておくと有利である。

C. 適切。小規模宅地の特例の適用を受けられる宅地を相続時精算課税を利用して贈与した場合には、相続税の課税価格の計算上、贈与時の評価額により相続財産に加算され、小規模宅地の特例の適用を受けることができない。

D. 適切。相続時精算課税制度を選択した受贈者は、以後特定贈与者から贈与される財産は、すべて相続時精算課税制度の適用を受けるので、<u>暦年課税に変更できない</u>。

解説　テキスト第2分冊　149頁～151頁参照

相続時精算課税制度を利用する場合の主な注意点は次のとおりである。

・相続時精算課税を選択する場合には、その選択に係る最初の贈与を受けた年の翌年2月1日から3月15日までの間に納税地の所轄税務署長に対して、贈与税の申告書とともに「相続時精算課税選択届出書」を提出する。

・相続時精算課税を一度選択した場合、その贈与者の相続開始時まで継続して適用されることになるため、相続時精算課税の適用年以降は、暦年課税を適用することはできない。

・相続時精算課税により贈与された財産は、贈与時の価額により相続税の課税価格に加算されるため、将来値上がりが見込まれる財産や高い収益を生む財産を、相続時精算課税により贈与しておくと有利である。

・相続時に小規模宅地の特例の適用を受けられる宅地を、相続時精算課税を利用して贈与した場合、相続時に小規模宅地の特例の適用を受けることはできない。

・相続時精算課税により、負担した贈与税については、相続税額から控除され、控除しきれない贈与税額がある場合には、還付を受けることができる。

・2024年1月からは、相続時精算課税により贈与を受けた財産は、年間110万円までの贈与であれば、期間に関係なく相続財産に加算する必要はなくなった。ただし、110万円を超える場合は贈与税申告が必要となり、超えた部分に関しては相続開始前の期間に関係なく必ず相続財産に加算しなければならない点には注意が必要である。

教育資金の一括贈与に係る贈与税の非課税措置

問75　直系尊属からの教育資金の一括贈与に係る贈与税の非課税措置に関する説明について、正しいものはどれですか。

A．この制度は、65歳以上の直系尊属から受贈者の教育資金にあてるため金銭等を贈与した場合に適用を受けることができる。

B．この制度の適用を受けた場合には、贈与者1人につき2,500万円までの教育資金にあてるための金銭に相当する部分について贈与税が非課税となる。

C．この制度の適用を受けた贈与財産のうち、受贈者が30歳に達した日に教育資金に充当していない金額が残っている場合は、その残額はその年に贈与があったものとして贈与税の課税対象となる。

D．この制度の適用を受けるためには、贈与者である直系尊属が、金銭を教育資金にあてたことを証する書類を金融機関に提出することが求められる。

選択肢の説明

A．不適切。この特例は、30歳未満の受贈者（子や孫など）の教育資金にあてるために、直系尊属（父母、祖父母など）から金銭等を贈与した場合に適用されるが、贈与者である直系尊属の年齢要件はない。

B．不適切。この特例の適用を受けた場合には、「受贈者1人につき1,500万円（学校等以外の者に支払われる金銭は500万円を限度）」までの教育資金にあてるための金銭等に相当する部分について、贈与税が非課税となる。

C．適切。直系尊属から教育資金の一括贈与を受けた場合の贈与税の非課税の特例の適用を受けた贈与財産のうち、受贈者が30歳に達した日に教育資金に充当していない金額が残っている場合には、その残額については、その年に贈与があったものとして贈与税の課税対象となる。

D．不適切。この特例の適用を受けるためには、適用を受ける受贈者（子や孫など）が、贈与を受けた金銭を教育資金にあてたことを証する書類を金融機関に提出することが求められる。

正解　C

解説　テキスト第2分冊　151頁参照

教育資金一括贈与に係る非課税制度の概要は、次のとおりである。

項　目	内　　　容
贈与者	受贈者の直系尊属（父母または祖父母など）で、年齢要件はない
受贈者	贈与を受けた日において30歳未満の子や孫など
非課税金額	受贈者1人につき1,500万円（学校等以外の者に支払われる金銭は500万円を限度）
その他	受贈者（子や孫など）が、贈与を受けた金銭を教育資金にあてたことを証する書類を金融機関に提出することが求められる。 受贈者が30歳になった時点で教育資金が残っている場合は、その残額に贈与税が課税される。 贈与者が死亡した時点で教育資金が残っている場合は、受贈者が学生などを除き23歳以上のときには、相続財産に加算される。

住宅取得等資金に係る贈与税の非課税措置

> **問76　直系尊属から住宅取得等資金の贈与を受けた場合の贈与税の非課税制度に関する説明について、正しいものはどれですか。**

A．この制度は、贈与の日において60歳以上の父母または祖父母などの直系尊属から、18歳以上（2022年3月31日以前の贈与の場合は20歳以上）の子や孫などが、住宅取得等資金の贈与を受けた場合に適用を受けることができる。

B．この制度は、贈与を受けた年の受贈者の合計所得金額が3,000万円以下である場合に適用を受けることができる。

C．2023年中にこの制度の適用により、住宅取得等資金の贈与を受けた場合には、最高で1,500万円（省エネ等住宅の場合）が非課税となる。

D．この制度は、暦年課税制度の基礎控除または相続時精算課税制度のいずれかと同時に適用することができる。

選択肢の説明

A．不適切。この制度は、父母または祖父母などの直系尊属から、贈与の日の属する年の1月1日時点において18歳以上（2022年3月31日以前の贈与の場合は20歳以上）の子や孫などが、住宅取得等資金の贈与を受けた場合に適用を受けることができる。贈与者に年齢要件はない。

B．不適切。この制度は、受贈者の贈与を受けた年の合計所得金額が2,000万円以下である場合に適用を受けることができる。

C．不適切。2023年中にこの制度の適用により、住宅取得等資金の贈与を受けた場合には、最高1,000万円（省エネ等住宅の場合）が非課税となる。

D．適切。この制度は、暦年課税制度の基礎控除または相続時精算課税制度のいずれかと同時に適用することができる。

正解　D

解説　テキスト第２分冊　152頁参照

　直系尊属から住宅取得等資金の贈与を受けた場合における贈与税の非課税制度の概要は、次のとおりである。

項　目	内　　　容
贈与者	受贈者の直系尊属（父母または祖父母など）で、年齢要件はない。
受贈者	贈与を受けた日の属する年の１月１日において18歳以上（2022年３月31日以前の贈与の場合は20歳以上）の子や孫などで、かつ贈与を受けた年の合計所得金額2,000万円以下である者。
非課税金額	贈与年月　2022年１月１日～2023年12月31日 　　　　省エネ等住宅：1,000万円　左記以外の住宅：500万円 この制度の適用を受けるには、贈与により住宅取得等資金を取得し、かつ住宅用の家屋の新築等に係る契約を締結する必要がある。
その他	住宅取得等資金を取得した受贈者は、その贈与を受けた日の属する年の翌年３月15日までに住宅を購入（新築・中古・増改築等）し、居住または居住する見込みでなければならない。

居住用不動産を贈与したときの配偶者控除

> **問77　居住用不動産を贈与したときの配偶者控除に関する説明について、誤っているものはどれですか。**

A．贈与税の配偶者控除は、居住用不動産および居住用不動産を取得するための金銭の贈与があった場合に適用される。

B．贈与税の配偶者控除は、婚姻してから贈与まで20年以上の婚姻期間がある場合に限り適用できる。

C．贈与税の配偶者控除を適用する際には、贈与税の課税価格から最高2,000万円の控除のほかに、暦年贈与の非課税枠（110万円）も控除することができる。

D．この特例は、婚姻期間が20年以上である配偶者間の贈与について適用があるため、婚姻期間が40年以上の場合は2回目の適用ができる。

選択肢の説明

A．適切。贈与税の配偶者控除は、居住用不動産の贈与のほか、居住用不動産を取得するための金銭の贈与について、最高2,000万円まで贈与税が非課税となる制度である。

B．適切。贈与税の配偶者控除は、戸籍上の婚姻期間（内縁関係は含まれない）が20年以上の配偶者間の贈与に対して適用することができる。

C．適切。配偶者から居住用不動産の贈与を受け、贈与税の配偶者控除の適用を受けた場合には、贈与税の課税価格から最高2,000万円の控除のほかに、暦年贈与の非課税枠110万円の控除も同時に適用することができる（最大2,110万円を控除できる）。

D．不適切。贈与税の配偶者控除は、同じ配偶者からの贈与については、一生に一度しか適用を受けることはできない。

正解　D

解説　テキスト第 2 分冊　152頁参照

　贈与税の配偶者控除は、配偶者間で住宅購入のための資金等を贈与した場合に、2,000万円まで贈与税が非課税となる制度で、生存配偶者の老後の生活保障等を考慮して設けられた特例である。その概要は、次のとおりである。

項　目	内　　容
婚姻期間	戸籍上の婚姻期間（婚姻届を受理された日から贈与日まで）が20年以上の配偶者間の贈与であること（内縁関係は含まれない、婚姻期間の 1 年未満の端数は切り捨て）。 なお、同一配偶者間においては、 1 回のみ適用できる。
適用対象 贈与財産	①　国内にある居住用不動産 ②　国内の居住用不動産を取得するための金銭
控除額	贈与税の課税価格から最高2,000万円の控除のほかに、暦年贈与の非課税枠（110万円）も控除することができる。
手続	この規定の適用により贈与税が課税されない場合でも、贈与税の申告書を提出しなければならない。
その他	贈与税の配偶者控除の適用を受けた贈与財産については、相続開始前 3 年以内（2027年以降段階的に延長され2031年以降は 7 年以内となる）の生前贈与加算の対象とはならない。

みなし贈与財産（低額譲受）の贈与税

> **問78** Aが、相続税評価額6,000万円、時価1億円の土地を3,000万円で父親から譲り受けた場合の贈与税の課税対象額について、正しいものはどれですか。なお、Aは資力を喪失していないものとします。

A．7,000万円

B．6,000万円

C．3,000万円

D．贈与税の課税対象となる金額はない

選択肢の説明

　低額譲渡により譲り受けた場合の贈与税の課税対象となる財産については、通常、「相続税評価額－譲渡代金」が贈与税の課税対象となるが、不動産や株式を低額譲渡により譲り受けた場合は、「時価（取引価額）－譲渡代金」が贈与税の課税対象となる。

　そのため、設問では、「1億円（取引価額）－3,000万円（譲渡代金）＝7,000万円」が贈与税の課税対象となる。

　したがって、正解はA．である。

正解　A

解説 テキスト第 2 分冊　152頁参照

　低額譲受とは、個人から著しく低い価額で財産を譲り受けることをいい、親族や親子間などで低い価額で土地などの売買がなされた場合に、時価と支払った対価との差額が贈与税の対象となる。低額譲渡により資産を譲り受けた場合の贈与税の課税計算については、次のとおりである。

項　目	内　　容
課税対象者	受贈者
課税原因	著しく低い価額の対価で財産の譲渡を受けた場合
課税対象	対価と譲渡があった時における財産の時価との差額に相当する金額
課税根拠	受贈者が贈与者から差額分を贈与により取得したものとみなして、贈与税が課税される
課税価格	① 不動産・株式の場合： 　時価(取引価額) − 対価＝課税価格 ② 不動産・株式以外の場合： 　時価(相続税評価額) − 対価＝課税価格
課税されない場合	受贈者の扶養義務者である贈与者が、受贈者が資力を喪失して債務を弁済することが困難な場合に、債務を弁済するために財産の譲渡を行った場合

想定納税額の確認

> **問79 想定納税額を確認する際の検討事項として、誤っているものはどれですか。**

A. 想定納税額を試算するにあたっては、被相続人の個人財産のバランスシートを作成することが有効であるが、そのとき用いる数値については相続税評価額に置き換えることが必要となる。

B. 被相続人のバランスシートを作成すると、土地や建物のように、時価と相続税評価額が殆ど変わらない資産があることが分かる。こうした資産を少なくしておくことが、相続税を引き下げるために有効な手段となる。

C. 「人生100年時代」といわれるようになる中で、ライフプランに基づく資金計画をもとに、納税資金対策を行うことが重要となる。

D. 現在の収支状況およびライフイベントごとの必要資金を基に、毎年の収支と貯蓄残高を予測してキャッシュフロー表にまとめ、「見える化」して、老後資金の必要額や想定納税額を把握したうえで、納税資金等の対策を講じることが望ましい。

選択肢の説明

A. 適切。生命保険金・退職手当金に関しては非課税枠を勘案し、また土地・建物については所定の算式に基づき、それぞれ相続税評価額で試算するなどして、被相続人の個人バランスシートを作成することが、相続税額試算の前提となる。

B. 不適切。個人バランスシートを作成すると、土地や建物のように、時価と相続税評価額の金額に大きな開きがある資産があるほか、生命保険金や退職手当金のように、相続税法上、非課税限度額が設けられている資産もある。相続税を引き下げるには、こうした時価と相続税評価額の金額に大きな開きがある資産に組み替えることが一つの手段となる。

C. 適切。「人生100年時代」といわれるようになり、相続実務の現場においても、老後資金に大きな関心が寄せられている。死亡のリスクに備えるだけでなく、長生きにも備える必要がある。

D. 適切。いわゆる人生の三大資金とは、住宅購入資金、子の教育資金、老後

の生活資金の３つを指すが、それ以外にも結婚、出産など、将来発生する予定や希望（「ライフイベント」という）にいくら資金がかかるか事前に把握しておくと、将来の漠然とした不安が和らぐ。

正解	B

解説　テキスト第２分冊　157頁～164頁参照

　被相続人の個人バランスシートを用いた想定納税額の計算手順の一例を示せば、次のとおりである。

1．被相続人のバランスシートを時価ベースで作成する
2．被相続人の資産・負債の相続税評価額を計算する
3．1．の時価を2．で計算した相続税評価額に置き換える
　①　3．により正味の遺産額を求める
　②　課税遺産総額を求める
　③　相続税の総額を「速算表」を当てはめ計算する
　④　各相続人等の算出相続税額を計算する
　⑤　各相続人等が納付すべき相続税額を計算する

相続税の納税資金対策 1

問80　相続税の納税資金対策に関する説明について、正しくないものはどれですか。

A．相続財産の多くが不動産の場合には、相続税の納税資金が不足する可能性が高いため、事前に対策を行う必要がある。

B．生前に相続税の試算を行い、相続が発生した後に納税が可能となるように、現預金を生前贈与しておくことは有効である。

C．納税資金の対策として、生命保険を活用した対策も有効である。

D．相続税の納税は、相続の開始があったことを知った時の翌日から10か月以内と期間が短いことから、その納付にあたっては、延納や物納も柔軟に行うことができるよう、制度面の手当がなされている。

選択肢の説明

A．適切。相続財産の多くが不動産や自社株などで占められる場合には、流動性が低く相続税の納税資金が不足する可能性が高いため、事前に対策を行う必要がある。

B．適切。生前に相続税の試算を行い、相続税の納税が必要となる場合には、暦年贈与を活用し現預金を生前贈与しておくことは、納税資金対策として有効である。

C．適切。生命保険を活用した対策は、納税資金の対策として有効である。

D．不適切。延納も物納も利用するためには、厳しい条件があり、必ずしも、すべての相続人が利用できるわけではない。相続税の納付期限に間に合わなければ、ペナルティとして延滞税（納税金額に一定の税率を乗じて算定）が課せられることになり、無駄な出費を余儀なくされる。

正解　D

解説　テキスト第 2 分冊　165頁〜175頁参照

　相続財産の多くが金融資産である場合や、相続人が納税資金を準備することができる場合には納税資金の問題はないが、相続財産の大半が不動産や自社株で占められる場合には、相続税の納税資金が不足する可能性が高い。そのため、相続税の試算を行い、相続後の納税が可能となるような対策をあらかじめとっておくことが必要である。

　相続税の納税資金対策としては、「現預金の贈与」、「生命保険の活用」、「物納」などが考えられる。物納できる財産は、相続または遺贈により取得した財産で、かつ日本国内にあるもの（第 1 順位は国債、地方債、不動産、船舶、上場株式等、第 2 順位は非上場株式等、第 3 順位は動産）とされているが、抵当権が設定されている不動産については、物納財産とすることはできない。

　また、相続税を納付期限までに金銭で納付することが困難な場合に、納付できない金額について延納が認められ、延納によっても金銭で納付することが困難な場合に、納付できない部分に限り物納が認められる。なお、延納申請書、物納申請書を、相続税の申告期限までに提出しなければ、延納、物納は認められない。

　相続税の納付期限に間に合わなければ、下記のとおり延滞税が課せられる。

前提）相続税申告期限内に申告した場合

相続税申告期限	2 か月	相続税の納税
令和×年 4 月 1 日	令和×年 5 月31日	令和×年12月31日

延滞税率：原則7.3%[※1]　　延滞税率：原則14.6%[※2]
（※1）延滞税特例基準割合＋ 1 %　（※2）延滞税特例基準割合＋7.3%
　　　といずれか低い割合　　　　　　　といずれか低い割合

相続税の納税資金対策 2

問81　相続税の納税資金対策に関する説明について、正しくないものはどれですか。

A．相続税の概算額については、一次相続に加え、二次相続も見据えて計算しておくべきである。

B．相続税の概算額の総額が、金融資産の総額の範囲内にあるので、特にそれ以上の分析は行わなかった。

C．不動産は隣地との境界確定等で売却に時間がかかることがあり、生前から準備を進めることが重要である。

D．生命保険金を納税原資と考える場合、納税資金が不足する人を受取人とする契約にする必要がある。

選択肢の説明

A．適切。配偶者の税額軽減の有利・不利判定は、家族構成、配偶者固有の財産、小規模宅地等の特例等の影響を受けるため、実際に二次相続のシミュレーションをしておくことが望まれる。

B．不適切。全体で納税資金の不足がなくても、財産の配分方法により相続人個々人のベースでは過不足が生じる可能性がある。

C．適切。相続により取得した不動産譲渡の流れは、一般的に「不動産の相続登記→不動産仲介会社と媒介契約の締結→土地の確定測量・境界確定→売却方法の選択（売却時期、売却希望金額など）→購入希望者との交渉、売買契約の締結→決済、引渡し」となり、譲渡するまでに長期の日数と手続きを要する。そのため、生前から土地の確定測量をするなど譲渡を見据えて準備をしておくことが重要である。

D．適切。生命保険契約の被保険者を被相続人、保険金受取人を相続人とすることで、被相続人の死亡に伴い、相続人は自身の固有の財産として、遺産分割協議をすることなく死亡保険金を受け取ることができる。また、死亡保険金の請求手続きは、預金の解約手続き等と比較して簡易な手続きであり、受け取るまでの期間が短いため、納税資金対策の１つとして活用できる。

正解　B

解説　テキスト第2分冊　165頁～175頁参照

　納税資金が不足していることが判明した場合は、相続開始後に納税が可能となるような対策を生前に行っておくことが重要である。具体的な生前の<u>納税資金対策</u>および相続開始後の<u>納税資金の捻出方法</u>は、下図のとおりである。

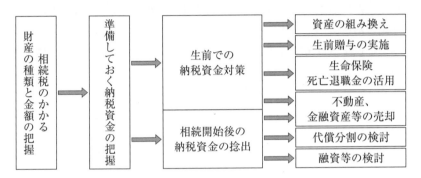

保有資産の処分により納税資金を捻出する際の留意点

問82　保有資産の処分により納税資金を捻出する際の留意点について、正しいものはどれですか。

A．土地の相続税評価額は、実際の譲渡価格と大差がないため、生前に換価（現金化）しておけば、遺産分割協議が円滑に進み、納税資金も確保できるなど、大きなメリットが期待できる。

B．相続または遺贈により取得した土地や建物、株式などの財産に関し、相続開始のあったことを知ったときの翌日から相続税の申告期限の翌日以後3年を経過する日までに譲渡した場合、取得した相続人が負担した相続税額のうち一定金額を譲渡資産の取得費に加算することができる特例がある。

C．相続税の節税効果が期待できる小規模宅地等の特例については、利用形態にかかわらず、相続税の申告期限前に宅地等を譲渡した場合でも特例の適用を受けることができる。

D．納税資金確保のために、金融機関からの借入、延納、物納等の選択肢はあるものの、どれもコストが掛かるため、納付期限までに不動産を譲渡し納税資金を確保することを優先すべきである。

選択肢の説明

A．不適切。相続税の評価額は、実際の譲渡価額より低く計算されることになるため、納税資金に余裕があれば、生前に譲渡しないほうが相続税の節税につながることが多い。

B．適切。

C．不適切。小規模宅地等の特例には、「相続税の申告期限まで宅地等を保有していること（保有継続要件）」を適用要件としている場合があり、このケースにおいて相続税の申告期限前に宅地等を譲渡してしまうと、その適用を受けることができなくなる。

D．不適切。納税資金確保のために、焦って相場よりも安い金額で不動産を譲渡することが得策ではないことがある。そのため、金融機関からの借入、延納、物納等も含め、納税資金の確保策は取り得る選択肢から慎重に検討すべきである。

正解　B

解説　テキスト第２分冊　168頁〜169頁参照

　保有資産を換価（現金化）して納税資金を捻出することを検討する際に、留意すべき点は下記のとおりである。

１．生前に保有資産を譲渡する場合の留意点
　①　相続税の評価額が実勢価格（実際の譲渡価額）を下回る場合があること
　②　取得費加算の特例の適用を受けることができないこと
２．相続開始後に保有資産を譲渡する場合の留意点
　①　相続財産（不動産）の遺産分割協議が成立している必要があること
　②　小規模宅地等の特例を受けられる要件を確認する必要があること
　③　不動産を譲渡するときは売り急ぎに注意すること

相続により取得した非上場株式に関する税制上の優遇措置

問83　相続により取得した非上場株式に関する税制上の優遇措置の説明のうち、誤っているものはどれですか。

A．相続等により取得した非上場株式を相続開始日の翌日から3年の間に発行会社に譲渡することが特例の適用要件の1つとされている。

B．非上場株式を取得した相続人が、相続等により納付すべき相続税の額があることが特例の適用要件の1つとされている。

C．相続等により取得した非上場株式を譲渡する時までに、「相続財産に係る非上場株式をその発行会社に譲渡した場合のみなし配当課税の特例に関する届出書」を発行会社の所轄税務署長に提出することが特例の適用要件の1つとされている。

D．相続により取得した非上場株式を発行会社に譲渡したものの「譲渡対価の全額を譲渡所得の収入金額とする特例」の適用を受けない場合、譲渡所得の他に配当所得として課税されることがある。

選択肢の説明

A．不適切。相続税申告期限の翌日以後3年を経過する日までの間に発行会社に譲渡することが適用要件となっている。

B．適切。

C．適切。

D．適切。

正解　A

解説　テキスト第2分冊　169頁〜171頁参照

　相続財産の中で、換金性や流動性に乏しい非上場株式の価額がその大部分の金額を占めることになると、相続税の納税資金不足が生じる可能性がある。そこで非上場株式を発行会社に譲渡する方法（<u>自己株式の活用</u>）が有効な納税資金対策となる場合がある。

　原則として、非上場株式を発行会社に譲渡した場合には、①発行会社が積み上げてきた利益の分配と、②発行会社へ拠出した資本金の払い戻しの2つの側面から所得税が課税されることになる。①は、会社の買取り金額が、その株式に対応する会社の資本金等の額を超えている場合に課税され、超えている部分の金額は、<u>配当所得</u>（みなし配当）として総合課税の対象になる。

　②は、譲渡する株主の取得価額（被相続人の取得価額を引き継ぐ）が、その株式に対応する会社の資本金等の額を下回っている場合に課税され、下回っている部分の金額は<u>株式譲渡所得</u>として、<u>申告分離課税（株式の譲渡所得）の対象</u>になる。申告分離課税とは、他の所得とは合算せずに、所得税率（一律15.315％、住民税と合わせ20.315％）を乗じて所得税額を算出する方法である。

　相続または遺贈により取得した非上場株式については、「<u>相続により取得した非上場株式を発行会社に譲渡した場合の課税の特例</u>」という税制上の優遇措置が講じられており、この適用を受けることができる場合、「上記でみなし配当とされた部分は総合課税の対象にはならず、申告分離課税（株式の譲渡所得）の対象になるため、非上場株式を譲渡した者の総合課税の所得金額が多いときは、所得税の負担が軽減される」、また「非上場株式による譲渡所得金額の計算において、非上場株式に対応する相続税の金額を取得費（取得価額）に加算することができる」という2つの税務メリットを享受できる。

　自己株式の取得に伴う、原則の課税関係（左）と課税特例の適用条件を充たした時の課税関係（右）を図示すれば次のとおりである。

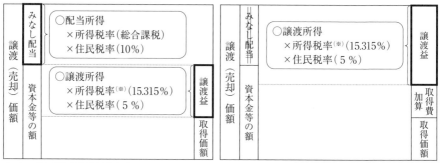

（※）　復興特別所得税率を含む

　本特例の適用を受けるためには、下記に掲げる条件を充たす必要がある。なお、非上場株式を生前に発行会社に譲渡した場合は、本特例の適用を受けることはできない。

・非上場株式を取得した相続人が、相続等により納付すべき相続税の額があること。
・相続税申告期限の翌日以後3年を経過するまでの間に譲渡すること。
・譲渡する時までに「相続財産に係る非上場株式をその発行会社に譲渡した場合のみなし配当課税の特例に関する届出書」を発行会社に提出し、発行会社を経由して、発行会社の所轄税務署長に提出すること。

死亡退職金の相続税納税資金対策への活用

> **問84 死亡退職金の相続税納税資金対策への活用に関する説明のうち、誤っているものはどれですか。**

A．死亡退職金の受取の順位は規定されていることがあり、納税資金が不足する相続人が受領できないことがある。

B．死亡退職金は相続財産なので、遺産分割の対象となる。

C．役員退職金規定で定められている役員退職金が、税務上適正かどうか、納税資金として十分かどうか検討しておく必要がある。

D．死亡退職金の支給を株主総会で決める場合には、支給までに時間を要することがあり、納税時期等のスケジュール計画が重要となる。

選択肢の説明

A．適切。被相続人が従業員や上場会社の役員の場合は、勤務先の就業規則や退職慰労金規程、退職手当等に関する支給基準や支給金額、受取人の範囲・順位等について事前に確認することにより退職金額を把握し、各相続人に納税資金の過不足がないか把握することが重要である。

B．不適切。生活保障等の事由で受給権者が指定されている場合、原則、相続財産ではなく受給権者の固有財産となる。

C．適切。

D．適切。役員退職慰労金の支給にあたっては、原則として、定款または株主総会の決議が必要となるため、支給までに時間を要する可能性がある。この点も踏まえて納税資金を準備する必要がある。

正解　B

解説 テキスト第2分冊　171頁〜172頁参照

　被相続人の死亡により、相続人その他の者が当該被相続人に支給されるべきであった退職手当金、功労金その他これらに準ずる給与（以下、<u>退職手当金等</u>という）で、被相続人の<u>死亡後3年以内に支給が確定したもの</u>の支給を受けた場合、当該退職手当金等を受けた者は、退職手当金等を相続または遺贈により取得したものとみなされる。支給確定時期による課税される税金の違いは下図のとおりである。

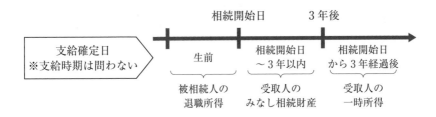

　退職手当金等は、その法人の就業規則や退職慰労金規程に基づき支給されることになり、一般的に規則や規定において、受取人の範囲・順位について明確な定めがある場合は、遺族の生活保障を目的としていることから受取人の固有の財産となり、<u>遺産分割協議の対象とはならない</u>。

　被相続人が従業員や上場会社の役員の場合は、勤務先の就業規則や退職慰労金規程等、退職手当等に関する支給基準や支給金額、受取人の範囲・順位等について事前に確認することで、退職金額を把握し、各相続人に将来の納税資金として過不足がないか把握することが重要である。

　一方、同族会社で経営している会社の役員の場合は、納税資金対策として自身の役員報酬を変更することにより、役員退職慰労金の原資を会社に貯蓄し、退職時の支払いに備えることが重要である。なお、役員退職慰労金の支給にあたっては、原則として定款または株主総会の決議が必要であり、支給までに時間を要する可能性があるため、納税資金を準備しておく必要がある。また、死亡の時まで会社に在籍していた場合は、死亡退職金が受取人に支給されることになるが、死亡保険金と同様に非課税限度額（500万円×法定相続人の数）が設けられている。

死亡保険金の相続税納税資金対策への活用

> **問85　死亡保険金の相続税納税資金対策への活用に関する説明のう
> ち、誤っているものはどれですか。**

A. 生命保険契約の被保険者を被相続人、保険金受取人を相続人とすることで、
被相続人の死亡に伴い、相続人は自身の固有の財産として、遺産分割協議
をすることなく死亡保険金を受け取ることができる。

B. 生命保険の契約者を相続人、被保険者を被相続人とした保険契約であって
も、保険料負担者が被相続人である限り、死亡保険金は相続税の課税対象
となる。

C. 死亡保険金には、死亡退職金のように非課税限度額は設定されておらず、
現金の相続と同様、死亡保険金の価額が相続税の課税対象財産となる。

D. 代襲相続人ではない孫を死亡保険金受取人に指定している場合において、
被保険者である被相続人が死亡したときは、その孫が相続開始前3年以内
に被相続人から生前贈与を受けていた場合には、当該贈与財産についても
相続税の課税対象となる

選択肢の説明

A. 適切。死亡保険金は遺産分割協議の対象外となるほか、請求手続が簡易で
受領までの期間が短いため、納税資金対策としても有効である。

B. 適切。死亡保険金の課税関係は、契約者ではなく、実際の保険料負担者で
判断されることになる。

C. 不適切。死亡保険金には非課税限度額（500万円×法定相続人の数）が設
けられているため、被相続人が現金を残す代わりに当該契約形態により生
命保険に加入していれば、相続税の課税対象財産を減らすことができる。

D. 適切。相続開始前3年以内（7年以内へと段階的に延長。解説参照）であ
れば贈与税がかかっていたかどうかに関係なく、基礎控除額110万円以下
の贈与財産や死亡した年に贈与されている財産の価額も加算される

正解　C

解説 テキスト第 2 分冊 173頁〜175頁参照

　生命保険契約は、「保険料の負担者、被保険者、保険金受取人」の違いにより、相続税、所得税、贈与税のいずれかの課税対象になるため、納税資金対策として生命保険契約を締結する場合は契約形態を考慮する必要がある。契約形態による課税関係は下表のとおりである。

ケース	保険料負担者	被保険者	保険金受取人	税区分
1	X	X	Y	相続税
2	Y	X	Y	所得税
3	Y	X	Z	贈与税

X：被相続人　Y：相続人　Z：X、Yと異なる者

　生命保険の契約形態の検討にあたっては、まずは、相続税における非課税限度額まで、上記ケース1の契約形態で生命保険契約を締結することが有効である。

　次に、被相続人が保険料相当額の現金を推定相続人に生前贈与して、上記ケース2の契約形態の生命保険契約を締結するべきか、現金として相続財産に残しておくべきか検討する。

　検討にあたっては、相続税の限界税率と所得税および住民税の実効税率を比較することが有効である。ケース2の形態で受け取った死亡保険金は、受取時に一時所得として扱われ総合課税の対象となる。一時所得の金額は、（受取保険金の額－既払込保険料－特別控除額（50万円））となる。一時所得にかかる税額は、（一時所得金額×1/2×総所得金額に応じた税率）で計算する。従って、所得税と住民税を合わせた実効税率は、最大でも27.9725％（55.945％×1/2）で済む。なお、被相続人が贈与する金額が年間110万円を超過する場合は、その超過分にかかる贈与税の負担額も検討に加える必要がある。

　代襲相続人ではない孫（相続人ではない者）を死亡保険金受取人に指定している場合において、被保険者である被相続人が死亡したときは、代襲相続人ではない孫が死亡保険金を遺贈により受け取ったとみなされ、相続税の課税対象者となるため、以下の3点に注意する必要がある。

　①　代襲相続人ではない孫が、相続開始前3年以内に被相続人から生前贈与

を受けた財産についても相続税の課税対象となる（選択肢D.参照）。なお、「3年以内」という期間は2027年以降段階的に延長され、2031年以降は「7年以内」となる。

② 死亡保険金の非課税枠を適用できるのは相続人のみであるため、代襲相続人ではない孫が死亡保険金を受け取った場合、死亡保険金の額そのものに相続税が課税される。

③ 代襲相続人ではない孫が負担すべき相続税額については、その相続税の額の2割に相当する金額が相続税に加算される。

信託の概要 1

問86　信託の基本構造などに関する記述のうち正しいものはどれですか。

A. 信託とは、委託者が特定の財産の名義と運用・管理・処分権限を受託者に移転し、受託者は自ら決定した信託目的に沿って、財産を運用・管理・処分し、得られた利益を受益者に与える仕組みである。

B. 信託設定方法のうち、契約信託とは委託者と受益者との間で信託契約を締結することにより効力が発生する信託であるため、受益者は受益権を放棄することができない。

C. 信託設定方法のうち、遺言による信託とは、委託者が生前において遺言の中で意思表示を行い、委託者の死亡時に効力が発生する信託である。

D. 信託設定方法のうち、自己信託とは、委託者が同時に受託者として、自分の財産を信託するもので、委託者の単独の意思で信託が開始するが、その効力発生は、受益者に口頭または書面で意思表示が通知された時点となる。

選択肢の説明

A. 不適切。信託は、委託者が特定の財産の名義と運用・管理・処分権限を受託者に移転するもので、受託者は委託者により指示された信託目的に沿って、財産を運用・管理・処分する。

B. 不適切。契約信託とは委託者と受託者の間で信託契約を締結することにより効力が発生する信託で、受益者は受益権を放棄することできる。

C. 適切。遺言による信託とは、委託者の死亡により効力が発生する信託で、委託者は生前に遺言の中で意思表示を行うため、遺言としての要式性も充足される。

D. 不適切。信託設定方法のうち、自己信託とは、委託者が同時に受託者として、自分の財産を信託するもので、委託者の単独の意思で信託が開始するが、効力発生は、その意思表示を公正証書等として作成した時点、または、受益者へ確定日付のある書面により通知がなされた時点となる。

正解　C

解説　テキスト第2分冊　179頁〜181頁、186頁〜187頁参照

　信託とは、「委託者」が「信託の目的」を予め決めて掲げ、目的達成に必要な管理運用者である「受託者」と契約し（「信託行為」の一つ）、または自ら宣言し（信託行為を信託宣言または遺言で行う）、受託者に対して自らの財産を支配する権利を移転して、管理運用を託し、移転した財産（「信託財産」という）の管理運用を託された受託者から管理運用の成果である信託の利益を受け取る権利（「信託受益権」という）を持つ「受益者」を決める仕組みである。下図参照。

```
　　「信託行為」で「信託の目的」を明記          受託者の自己財産と託された財産
                                              （信託財産）は分別管理。
┌──────┐ ╭──╮                        ╭──╮ ┌──────┐
│ 委託者 │ （財産） 財産移転（物権的効力）→ （財産） │ 受託者 │
└──────┘ ╰──╯                        ╰──╯ └──────┘
                                                信託受益権
信託の機能                                      （債権的効力）
「ためる・ふやす（財産運用）」、「まもる（財産管理）」        ┌──────┐
「つなぐ・ゆずる（財産承継）」、「わける（倒産隔離）」         │ 受益者 │
                                              └──────┘
・委託者…元々有している財産を移転して託する（信託する）主体。
・受託者…託された財産を、管理・運用する主体。
・受益者（恩恵を受ける人）…財産から生じる利益を得る権利を持つ主体。
```

信託の概要 2

問87　信託について述べた記述のうち、誤っているものはどれですか。

A．委託者は、信託の受益者を決める際には、受益者の意向にかかわらず自由に受益者を決めることができる。

B．信託が他の民法上の代理、寄託、委任などと異なる点は、財産の名義が委託者から受託者に変更される点である。

C．受益権とは、信託行為に基づいて受託者が受益者に負う債務である。

D．他益信託では、委託者が財産の所有権を受託者に移転した時点で、資産課税において受託者に対して課税される。

選択肢の説明

A．適切。

B．適切。民法上の代理、寄託、委任では財産の名義は変更されない。

C．適切。信託法では、「受益権とは、信託行為に基づいて受託者が受益者に対し負う債務であって信託財産に属する財産の引渡しその他の信託財産に係る給付をすべきものに係る債権（受益債権）および、これを確保するためにこの法律の規定に基づいて受託者その他の者に対し一定の行為を求めることができる権利をいう」と規定されている。

D．不適切。信託では、受託者が信託財産を所有することになるが、経済的利益を受けるのは受益者であるため、所得課税（法人税、所得税）および資産課税（相続税、贈与税等）は受益者の受益に対して課税される。これを受益者等課税、パススルー課税（受託者を通り抜けるとの意味）の原則という。

正解　D

解説　テキスト第2分冊　179頁〜186頁、206頁

　信託を組成する法律行為を信託行為といい、信託行為は、①信託契約（委託者・受託者の二者）、委託者の②遺言による信託（単独行為）、委託者＝受託者の③信託宣言（「自己信託」という。単独行為、公正証書等による）の三方式のいずれかによらなければならない。

信託の設定方法	内　　容
信託契約	委託者と受託者との間で信託契約を締結することで効力が発生する。
遺言による信託	委託者（遺言者）の死亡により効力が発生する。子が自立して生活することが難しい場合に、子に遺す財産の管理手段としても有効で、委託者は生前に遺言の中で意思表示を行うため、遺言としての要式性も充足される。
信託宣言（自己信託）	委託者が同時に受託者として、一定の目的に沿って、自分の財産を信託する。自社株を後継者に承継させる手段としても有効で、委託者の単独の意思で信託が開始する。単独行為であり、部外者には信託の時期や内容が不明であるため、この意思表示（信託宣言）を、公正証書等として作成した時点、または受益者へ確定日付のある書面により通知がなされた時点で効力が発生する。

委任、会社と比較した信託の特徴

問88 委任、信託、会社の特徴に関する記述のうち、誤っているものはどれですか。

A. 委任、信託、会社は、いずれも設定者（委任者、株主、委託者）が自らできないことを他人に任せてしてもらうための仕組みである。

B. 委任でも、第三者に他人に任せた仕事の成果を得させることは、第三者のためにする契約の形式をとれば可能であるが、当該第三者が受益の意思表示をする必要があり、財産移転がないなどの点で信託とは異なる。

C. 信託は、2006年に抜本改正された法律（新信託法）により、契約内容の設定や変更、監視について細かく規制されており、柔軟性を欠くといわれている。

D. 信託の受託者、会社の取締役はいずれも善管注意義務を負っているほか、委託者（出資者）の犠牲で自己や第三者の利益を図ってはならないという忠実義務を負っている。また信託行為は、倒産隔離機能やガバナンス機能も有することから、経済的には機関（株主総会、取締役、監査役）のない会社設立といわれることもある。

選択肢の説明

A. 適切。

B. 適切。

C. 不適切。信託は契約内容を柔軟に設定、変更が可能であるほか、監視も契約で決めることができる高い柔軟性を有している。

D. 適切。

正解　C

解説 テキスト第2分冊　182頁〜183頁参照

委任、会社と比較して信託の特徴を述べれば下表のとおりである。

	委任	信託	会社
動機	事務的傾向	Aは自らできない ⇒	投資的傾向
当事者	委任者A 受任者B	委託者A 受託者B（＝A可） 受益者C（＝A可）	株主A　Aの総会 会社B 取締役会E、監査 役D
Bの仕事の 成果受領者	A	C	A
Aの財産移転	なし	あり（Bへ）	あり（Bへ）
Bの監視者	A	A、C、信託監督 人、受益者C代理 人等	Aの総会、E、D
法的枠組	委任契約 （民法が規律）	信託契約等 （信託法が規律）	出資等 （会社法が規律）

民事信託契約、商事信託契約、家族信託契約

問89　信託に関する用語について述べた記述のうち、誤っているものはどれですか。

A. 受託者が、営業（反復継続して、収益を得る業として行う場合）として受託する場合には信託免許または登録を受けた信託会社であることを要し、この場合の信託を「商事信託」という。

B. 商事信託以外を「民事信託」という。受託者を委託者の家族や親族またはそれらが関与する法人（財産管理会社など）とする場合を「家族信託契約」ということがある。

C. 受託者が法人となることは、民事信託でも可能であり、定款に信託の引き受けが記載されている株式会社が民事信託の受託者となるケースがよくみられる。

D. 民事信託契約では民法の相続編（相続法）では取扱えない仕組みが可能である。

選択肢の説明

A. 適切。

B. 適切。

C. 不適切。株式会社が民事信託の受託者となる場合には、定款に信託の引き受けが記載されているときであるが、仮に1回限りでも営利目的と解され、商事信託として信託業法による免許または登録が必要という考え方がある。このため実務上は営利性が否定される一般社団法人を受託者とすることが行われている。

D. 適切。「後継ぎ遺贈型受益者連続信託」（問99参照）はその代表例である。

正解　C

解説　テキスト第2分冊　185頁〜186頁

　「民事信託」において信託法の定めの多くは任意規定（デフォルトルール）である。このため、別段の定め（委託者等に種々の権限付与することができるなど）が可能であるほか、委託者と受託者との合意で契約締結後に信託の変更をすることもできる。また、当事者は契約関係があるのみで、法人格がないことから、簡易で柔軟な対応ができる仕組みである。

　これは逆にいえば、予め定めがない場合には、目的達成に困難が伴うケースがあるほか、受託者や監督者に適任者を得ない場合には、悪用・トラブルの可能性が高いということを意味している。また、改正信託法の施行後20年に満たず、相続法、他の法令（特に税法）と交錯する分野であるものの、民事信託の判例が類型化され判例法理となる程度にまでは蓄積されていない、といった点には留意が必要である。

信託の委託者

> ### 問90　信託法の規定による信託の構成要素のうち、委託者について述べた記述のうち、正しいものはどれですか。

A．委託者とは、財産に関する権利を受益者に移転することにより、信託を設定する者をいう。

B．新信託法において、信託の成立以降は委託者の地位は不可欠ではなく、委託者よりも受益者の利益保護に重点が置かれるようになっている。

C．遺言信託では、委託者である被相続人が死亡した場合には、相続人は委託者の地位を相続により承継する。

D．契約信託の場合、委託者である被相続人が死亡した場合には、相続人は委託者の地位を相続により承継しない。

選択肢の説明

A．不適切。委託者とは、財産に関する権利を受託者に移転することで、信託を設定する者をいう。

B．適切。新信託法において、信託の成立以降は委託者の地位は不可欠ではなく、委託者の権利と受益者の権利が往々にして相反する場合がある。これを受け、受益者の権利の安定を図るため、委託者よりも受益者の利益保護に重点が置かれるようになった。

C．不適切。遺言信託では、委託者である被相続人が死亡した場合には、委託者と受益者の利益が相反することへの対処として、相続人は委託者の地位を相続により承継しない。

D．不適切。契約信託の場合、委託者である被相続人が死亡した場合には、相続人は委託者の地位を相続により承継する。

正解　B

解説　テキスト第2分冊　180頁

　<u>委託者</u>とは、財産に関する権利を受託者に移転することで、信託を設定する者をいう。

　<u>新信託法</u>においては、信託の成立以降は委託者の地位は不可欠ではなくなり、委託者よりも受益者の保護に重点が置かれている。委託者の権利と受益者の権利が往々にして相反する場合があることから、受益者の権利の安定を図るため、信託財産や受託者を監督する権限を原則として受益者に与えることとなった。

　<u>遺言信託</u>の場合は、委託者と受益者の利益が相反することへの対処として、相続人は委託者の地位を原則として承継しない。ただし、信託財産の残余財産について、受益者がいない場合に限り、その残余財産の帰属権利者となる。

　<u>契約信託</u>の場合は、委託者である被相続人が死亡した場合、委託者の地位はその相続人が相続することとなる。

信託財産

問91　信託財産に関する記述のうち、正しくないものはどれですか。

A. 信託財産は、金銭的に評価可能なものが対象であるため、特許権などの知的財産権は信託できない。

B. 信託設定時に委託者が負担している債務は信託財産に属する債務として信託することができる。

C. 信託財産は信託の設定により、委託者から受託者に移転するため、委託者または受託者の債権者は信託財産に対して強制執行ができなくなる。

D. 信託財産は受託者の固有財産とは異なる扱いをされるため、財産が信託されていることを第三者に対抗するには、登記すべき財産については当該財産の登記が必要である。

選択肢の説明

A. 不適切。信託財産は、金銭的に評価可能なものすべてが対象となり、物権や債権、著作権や特許権などの知的財産権も信託することができる。

B. 適切。消極財産たる債務は信託できないが、新信託法により、信託設定時に委託者が負担している債務は信託財産に属する債務として信託することができるようになった。

C. 適切。信託財産は信託の設定により、委託者が自らの固有財産から信託の対象となる信託財産を分離して、これらを委託者から受託者に移転するため、委託者または受託者の債権者は信託財産に対して強制執行ができない。

D. 適切。信託財産は、受託者の固有財産とは異なる扱いをされるため、財産が信託されていることを第三者に対抗するには、登記または登録すべき財産に限り、登記または登録が必要である。

正解　A

> **解説** テキスト第2分冊 186頁〜188頁、198頁〜200頁

信託財産とは、受託者に属する財産であって、信託により管理または処分をすべき一切の財産をいう。

信託財産は、金銭的に評価可能なものすべてが対象となり、物権、債権、著作権、特許権などの知的財産権、国外の財産権も含まれるが、消極財産たる債務は信託できない。ただし、信託設定時に委託者が負担している債務は信託財産に属する債務として信託することができる。

信託財産は、受託者の固有財産とは分別して管理される（信託財産の独立性）。

また、信託財産は信託の設定により、委託者が自らの固有財産から信託の対象となる信託財産を分離して、これらを委託者から受託者に移転するため、委託者または受託者の債権者は、信託財産に対して強制執行ができない（信託財産の倒産隔離機能）。

信託財産は、受託者の固有財産とは異なる扱いをされるため、財産が信託されていることを第三者に対抗するためには、登記または登録すべき財産に限り、当該財産の登記または登録が必要である。

信託財産の範囲

> **問92　信託財産の範囲に関する記述のうち、正しいものはどれですか。**

A. 信託財産の譲渡については対抗要件の具備が必要であるほか、各法の定めにより信託財産であることの公示（信託目録）を登記・登録しなければならない。例えば、信託財産がモノであれば占有移転により、不動産であれば委託者から受託者への移転登記により、対抗要件を備えることができる。

B. 信託財産が不動産である場合には、管理運用にあたり金銭出納が必要となるため、金融機関の譲渡禁止特約の有無にかかわらず預金も信託財産とすることができる。

C. 信託法では、受託者が委託者の負っている債務を引受けて、それを信託契約の内容で「信託財産責任負担債務」とすることができる旨、明記された。これにより債務だけを信託財産とすることが可能となった。

D. 信託契約は、ひな型があっても信託目的や信託財産、更に信託目的を最も効率かつ効果的に実現するための受託者への制限、受託者や受益者の後継、信託終了事由などをしっかりと決める必要があり、契約書を弁護士等の専門家にオーダーメイドで作成して貰うことが望ましい。

選択肢の説明

A. 不適切。信託財産が不動産の場合には、委託者から受託者への移転登記に加え、受託者が単独で行う信託登記を同時に申請する必要がある。

B. 不適切。預金に対し金融機関が譲渡禁止特約を付けている場合には、信託財産目録に、銀行名、預金口座名義、口座番号を書くことはできず、解約後の現金を念頭に「金銭　○○○万円」と書く必要がある。そのうえで、委託者の普通預金は一旦現金化したうえ、改めて受託者名義の口座（受託者固有名義でなく信託財産の受託者としての名義、明示する場合には信託口口座といわれる）を開設することが適当である。

C. 不適切。信託行為には信託財産の存在が前提となるため、債務だけを信託財産とすることはできない。

D. 適切。さらに不動産の対抗要件具備には司法書士等による登記が、また信

託財産管理のための信託口（預金）口座を開設する場合には金融機関の審査が必要になる。

正解	D

解説　テキスト第2分冊　186頁〜188頁

　信託財産とできるものに種類の制限はないが、他の法律や契約で譲渡が禁止されているものについては対象とすることができない。

　信託財産をもって弁済にあてる場合には、信託行為で「信託財産責任負担債務」とする旨の定めを要する。また、債務を引き受けると受託者の固有財産も責任財産となる。

　債務の移転にあたっては、委託者が債務者として残る併存的債務引受の場合は、委託者と受託者の契約に加え、債権者に対抗するためには債権者の承諾を要する。委託者が債務者として残らない免責的債務引受の場合には、債権者と受託者の契約＋債権者から委託者への通知、あるいは委託者と受託者の契約＋債権者から受託者への承諾が必要になる。いずれにせよ債権者である金融機関の関与は不可欠である。併存的債務引受については、委託者が認知症になると債務の諸変更の同意が得られなくなる点に留意が必要である。

　不動産の対抗要件を具備するためには司法書士等による登記が、また信託財産管理のための信託口（預金）口座を開設する場合には金融機関の審査が必要となる。信託契約は法制度の制約をクリアするとともに委託者自身がリスクを十分認識したうえ、慎重に作成される必要がある。また、委託者の意思能力があっても日常的に事理弁識能力がない場合には、契約当事者になれず、法定後見を付けざるを得ない状況であれば信託契約を結ぶことはできない。こうした状況のもとで、信託契約を公正証書で作ることが、紛失リスク回避の観点に加え、信託口口座を開設する金融機関からも求められることが多い。

PBにおける信託の活用とメリット

> ### 問93 PBにおける信託の活用とメリットに関する次の記述のうち、最も適切なものはどれですか。

A. 相続人間に争いがあり財産を確実に相続させることに不安がある場合や、子どもが成人になるまで財産を専門家に管理させたい場合に、信託を活用することで、自分の死後も財産のコントロールが可能となる。

B. 遺言を作成し、相続人等に遺言を書き換えられるというリスクさえ取り除くことができれば、信託を活用する必要はない。

C. 富裕層は、多種多様なアセットクラスの財産を複数の金融機関で運用・管理しているため、信託を活用する必要はない。

D. 中小企業のオーナーにとって、積み上げられてきた知財の保全・活用とノウハウの伝承は、他の企業への流出を未然に防ぐ必要があるため、信託を利用することはできない。

> ### 選択肢の説明

A. 適切。相続人間に争いがあり、財産を確実に相続させることに不安がある場合や、子どもが成人になるまで財産を専門家に管理させたい場合などは遺言では限界がある。そのため、信託を活用することで、自分の死後も財産のコントロールが可能となる。

B. 不適切。遺言作成で相続人等に遺言を書き換えられるというリスクを取り除くことができるが、遺言では限界のある自分の死後の財産をコントロールするために、信託の活用が有効である。

C. 不適切。富裕層は、多種多様なアセットクラスの財産を複数の金融機関で運用・管理しており、財産をめぐる利害関係者が多いので、リスクから財産を守るため、信託の活用が有効である。

D. 不適切。中小企業のオーナーにとって、積み上げられてきた知財の保全・活用とノウハウの伝承は非常に頭の痛い問題であり、信託の活用で、一身専属的なノウハウの可視化と伝承が可能となる。

正解 A

解説 テキスト第2分冊 186頁、238頁〜239頁参照

　PBにおける信託の活用とメリットは、「争族、財産散逸などの回避」「財産保全、運用に関するリスクの排除」「創業者の知恵の伝承」があげられ、目的に応じた有効な信託は、次のとおりである。

① 争族、財産散逸などの回避
　　次の場合、信託の活用で、自分の死後も財産のコントロールが可能となる。
・相続人間に争いがあり、財産を確実に相続させることに不安がある
・遺言を子どもに書き換えられてしまう恐れがある
・相続人の次世代までの相続を指定したい
・子どもが成人になるまで財産を専門家に管理させたい

　→遺言代用信託、遺言信託（狭義）、受益者連続信託、目的信託、自己信託
　　の単独または複数の組み合わせ活用が有効

② 財産保全、運用に関するリスクの排除
　　富裕層は、多種多様な財産を運用・管理しており、利害関係者も多く「財産への侵害」のほか、「健康」「税金」「法務」「財産開示」などのリスクにさらされているが、こうした個人ではマネジメントが困難なリスクから、財産を守ることが可能となる。

　→特定金銭信託、指定金銭信託、包括信託、遺言代用信託、任意後見契約付
　　信託、英米法下の各種トラストの単独または複数の組み合わせ活用が有効

③ 創業者の知恵の伝承
　　中小企業オーナーの一身専属的なノウハウの可視化や伝承が可能となる。

　→知財信託、自己信託の単独または複数の組み合わせ活用が有効

信託の受託者

問94　信託の受託者について述べた記述のうち、正しくないものはどれですか。

A. 受託者とは、信託財産に属する財産の管理などの信託目的に必要な行為をする義務を負う者をいい、法人も受託者になることができる。

B. 信託の受託行為を、営利を目的として業として営む場合には、信託法に加えて信託業法の規制を受けることになる。

C. 受託者は、受益者に対する義務として、善管注意義務、忠実義務、公平義務、信託事務処理義務の4つの義務を負っている。

D. 受託者が個人（自然人）の場合には死亡リスクがあり、受託者が死亡した場合には、信託契約は終了しないが、1年以内に新しい受託者を選任する必要がある。

選択肢の説明

A. 適切。受託者とは、信託財産に属する財産の管理などの信託の目的に沿った必要な行為をする義務を負う者をいい、法人でも個人でも受託者になることができる。

B. 適切。信託の受託行為を、営利を目的として継続的、反復的に業として営む場合には、信託法に加えて信託業法の規制を受けることになる。

C. 不適切。受託者は、受益者に対する義務として、善管注意義務、忠実義務、公平義務、信託事務処理義務のほか、分別管理義務、帳簿作成義務、報告義務など多岐にわたる義務を負っている。

D. 適切。受託者が死亡した場合には、信託契約は終了しないが、1年以内に新受託者を選任する必要があり、新受託者が選任されるまでは、死亡した受託者の相続人が信託財産を管理する。

正解　C

解説　テキスト第2分冊　184頁〜185頁、189頁〜192頁

受託者とは、信託財産に属する財産の管理または処分を引き受け、信託の目的の達成のために必要な行為をする義務を負う者をいい、法人でも個人（自然人）でも受託者になることができる。

信託の受託行為を、営利を目的として継続的、反復的に業として営む場合には、信託法に加えて信託業法の規制を受ける。

受託者は、委託者から移転された財産を受益者のために管理・処分する権限を有しているため、受益者に対する義務として、善管注意義務、忠実義務（競業避止義務、利益相反行為禁止義務等）、公平義務、信託事務処理義務、分別管理義務、帳簿作成義務、報告義務など多岐にわたる義務を負っている。

受託者が個人（自然人）の場合には死亡リスクがあり、受託者が死亡しても信託契約は終了しないが、1年以内に新受託者を選任する必要があり、新受託者が選任されるまでは、死亡した受託者の相続人が信託財産を管理することになる。

受託者の資格と権限

問95 信託の受託者の資格と権限に関する記述のうち、正しくないものはどれですか。

A. 受託者は、信託財産を自己の財産と混同させてはならないという「分別管理義務」を負う。

B. 信託財産が負担する債務（信託財産責任負担債務）が未払の場合、債権者は、信託行為に信託財産だけが負担するとの定めと登記がされている場合、または受託者との間で信託財産だけが責任を負う旨の特約がある場合を除き、受託者の固有財産である預金債権を差し押さえることも可能である。

C. 受託者が遂行する信託事務としては、信託財産にかかる帳簿等の作成・保管、毎年1回財産状況開示資料の作成と保存、またそれらの受益者への報告、閲覧等が法定されている。

D. 受託者の責務は重く、求められる事務手続きも複雑であるため、信託報酬に加え、信託から利益を享受していることが一般的である。

選択肢の説明

A. 適切。分別管理方法は、信託法に定めがあり、登記登録できる財産は「登記登録」、できない財産は、動産は「外形上受託者の固有財産と区別できる方法」、金銭は「その計算を明らかにする方法」で管理する。問題になるのは預金であり、実務では金融機関に受託者固有名義ではなく、信託財産の管理者としての受託者名義、すなわち信託口口座を設けることが適切とされている。

B. 適切。詳しくは解説参照。

C. 適切。受託者の信託事務を素人が全部自分で行うことができない場合であって、信託行為に定めがある場合や信託目的から相当と判断される場合には、受託者は第三者に信託事務の一部を事務委託できる。

D. 不適切。専ら受託者の利益を図ることを目的とした信託はできないほか、受託者は受益者として信託の利益を享受する場合を除き、信託報酬以外に何人の名義をもってするかを問わず信託の利益を享受することはできない。

解説　テキスト第2分冊　189頁〜191頁

受託者の債権者は、受託者固有財産の差押えはできるが、信託口口座の預金の差押えはできない。

一方で信託財産が負担する債務（信託財産責任負担債務）が未払の場合、債権者は、信託行為に信託財産だけが負担するとの定めと登記がされている場合（限定責任信託）、または受託者との間で信託財産だけが責任を負う旨の特約（責任財産限定特約）がある場合を除き、受託者の固有財産である預金債権を差し押さえることも可能である。「限定責任信託」「責任財産限定特約」において受託者が負う負債のことを「信託財産限定責任負担債務」という。

このため受託者となった場合、信託財産が負担する債務が生じる場合があるので、目的に沿うための必要資金、借入の返済計画、資金収支を合理的に試算し、必要な金銭の追加受入れ、借入の条件、信託条項等の変更等を金融機関および委託者等と協議しその対応、信託条項への変更を検証する必要がある。

受託者に対する監督

問96　受託者に対する監督に関する記述のうち、正しいものはどれですか。

A. 委託者が高齢である場合や、受益者がケアを要する場合などは、委託者、受益者に任意後見人を選任することも行われるが、信託法では、信託監督人、受益者代理人、および信託管理人という制度が設けられている。

B. 信託監督人は、受益者が年少者、高齢者や障害者である場合のように受益者自身が受託者の事務を適切に監督することが期待できないような場合において、専ら裁判所の決定によって選任され、受益者のために自己の名において受益者が有する受託者に対する監督権限を行使する。

C. 受益者代理人は、受益者が頻繁に変動する場合や複数ある場合など、受託者の監督が事実上困難である場合において、信託行為の定めにより選任され、受益者の全部または一部のために受益者の代理人として、受益者が信託法上有する権利を行使する。受益者代理人が選任された場合においても、受益者の権利行使は妨げられない。

D. 信託法では、「信託管理人は、受益者のために受益者の名をもって受益者の権利に関する一切の裁判上または裁判外の行為をする権限を有する」と定められている。

選択肢の説明

A. 適切。詳しくは解説参照。

B. 不適切。信託監督人は、信託行為の定めまたは裁判所の決定によって選任される。

C. 不適切。受益者代理人は、代理する受益者のために代理人として受益権の権限を行使するので、受益者代理人が選任された場合、受益者の権利行使は信託法および信託行為で定めた行為（単独受益者権等）以外はできなくなる。

D. 不適切。信託管理人は、受益者のために自己の名をもって受益者の権利に関する一切の裁判上または裁判外の行為をする権限を有する。

解説　テキスト第2分冊　191頁～192頁

受託者を監督する仕組みは下図のとおりである。

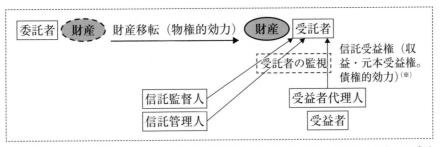

（※）「収益・元本受益権」について、次項に記載されているが、そのように区分できない受益権もあることに留意する。

信託の受益者

> ### 問97　信託の受益者について述べた記述のうち、正しくないものは どれですか。

A．信託行為は、委託者と受託者の合意により成立するため、受益者の合意は 不要である。

B．受益者は、信託行為における受益権については、放棄することが認められ ない。

C．受益権は、信託財産から生じる経済的利益として受益者が受け取ることが できるもので、信託行為に基づいて受託者が受益者に対して負う債務であ る。

D．信託が終了した場合に、残余財産の帰属先の指定がない場合には、委託者 またはその相続人等が帰属権利者として指定があったものとみなされる。

選択肢の説明

A．適切。信託行為は、委託者と受託者の合意により成立するため、受益者の 合意は不要であり、信託行為に別段の定めがない場合、受益者は当然に受 益権を取得する。

B．不適切。受益者は、信託行為における受益権について、放棄することも認 められる。

C．適切。受益権は、信託財産から生じる経済的利益として受益者が受け取る ことができるもので、信託行為に基づいて受託者が受益者に対して負う債 務である。

D．適切。信託が終了した場合に、信託行為の定めに従い残余財産は「受益者 （残余財産受益者）」または「帰属権利者（信託終了時まで受益者ではなかっ た者）」に帰属する。信託行為において、残余財産の帰属先の指定がない 場合には、委託者またはその相続人等が帰属権利者として指定があったも のとみなされる。

正解　B

解説　テキスト第2分冊　193頁、196頁～197頁

　受益者とは、受益権を有する者をいい、委託者自身が受益者となった場合を「自益信託」という。また、例外的に受託者が受益者になることもできる。

　信託行為は、委託者と受託者の合意により成立するため、受益者の合意は不要であり、信託行為に別段の定めがない場合には、受益者は当然に受益権を取得する。ただし、受益者には経済的利益を受けたものとして、税金の負担が生じるため、受益者は、信託行為について受益権の放棄という反対の意思表示をする機会が設けられている。

　受益権は、信託財産から生じる経済的利益として受益者が受け取ることができるもので、信託行為に基づいて受託者が受益者に対して負う債務である。信託財産に属する財産の引渡し、その他の信託財産に係る給付すべきものに係る債権、およびこれを確保するために、受益者が受託者などに対して一定の行為を求めることのできる権利である。

　信託が終了した場合に、信託行為の定めに従い残余財産は「受益者（残余財産受益者）」または「帰属権利者（信託終了時まで受益者ではなかった者）」に帰属する。信託行為において、残余財産の帰属先の指定がない場合には、委託者またはその相続人等が帰属権利者として指定があったものとみなされる。

信託の受益権の性質

問98　信託の受益権について述べた記述のうち、正しいものはどれですか。

A．信託の受益権は譲渡、質入の対象となり、信託行為でそれを禁止することはできない。

B．委託者自らが受益者となる信託を「自己信託」、委託者と受益者が異なる信託を「他益信託」という。

C．受益権は元本受益権と収益受益権に分けて、受益者を信託行為で定めることができる。

D．遺留分を侵害する信託契約を締結した場合、当該侵害分は無効となる。

選択肢の説明

A．不適切。受益権は信託行為で禁じているときや性質上それを許さないときを除いて、譲渡、質入の対象になる。

B．不適切。委託者自らが受益者となる信託は「自益信託」といわれる。「自己信託」とは、委託者と受託者が同一人物である信託をいい、信託宣言、公正証書作成時、または確定日付がある証書による場合には受益者への通知時に効力が生じる。

C．適切。詳しくは解説参照。

D．不適切。遺留分を侵害する信託契約は有効であるが、遺留分権利者は、受託者（および受益者双方）に対して、事後に、遺留分侵害の侵害額を請求できる。

正解　C

解説　テキスト第2分冊　193頁～194頁

　信託法は、「「受益権」とは、信託行為に基づいて受託者が受益者に対し負う債務であって信託財産に属する財産の引渡しその他の信託財産に係る給付をすべきものに係る債権および、これを確保するためにこの法律の規定に基づいて受託者その他の者に対し一定の行為を求めることができる権利をいう」と規定している。

　自益信託は「委託者＝受益者」、自己信託は「委託者＝受託者」である。

　受益権を元本受益権と収益受益権に分けて受益者を信託行為で定めることができる。これを受益権複層化という。例えば、中小企業の株式を、配当受領権を収益受益権とし、株式受領権を元本受益権とすることが行われている。具体的には、中小企業オーナーである委託者が共益権である議決権の指図権を手許に留保しつつ、配当受領権（収益受益権）を委託者であるオーナーが受益者として持ち、信託終了後の株式の元本受領権（元本受益権）を後継者である長男とすることが実務上みられる。オーナーが、いずれ長男に株式を譲渡するが、当面は議決権の実質的な行使、配当受領とも継続し、経営権を持ち続けるケースがこれにあたる。

　遺留分権利者は、受託者（および受益者双方）に対して、事後的に、遺留分侵害の侵害額を請求できるため、信託行為の前に遺留分権利者の同意をとるか、または遺留分相当額を請求されても支払うことができるだけの金銭の準備をすることが適当である。受託者は、委託者の財産全体を知らず、遺留分侵害額を把握することができないことから、高齢の委託者の受託者となる場合には、注意を要する。また、信託目的等の定めにおいても、遺留分侵害額が請求されたとしても、目的を達成することができるのか、などを検討して記述することが必要となる。

後継ぎ遺贈型受益者連続信託

> ### 問99　新信託法により活用ができるようになった遺贈型受益者連続信託に関する記述のうち、正しくないものはどれですか。

A．受益者連続信託は、受益者の死亡により、その受益者の有する受益権が消滅し、次に指定された者が新たに受益権を取得する旨の定めのある信託であるが、受益権の承継の回数には制限がある。

B．受益者連続信託の信託期間は、信託が設定から30年経過後に新たに受益権を取得した受益者が死亡するまでとされている。

C．受益者連続信託の信託設定時において、まだ産まれていない孫を受益者として定めておくことができる。

D．信託財産に対して、遺留分の減殺請求権が認められるため、遺留分の減殺請求は、受託者に対しても行うことができる。

選択肢の説明

A．不適切。受益者連続信託は、受益者の死亡により、その受益者の有する受益権が消滅し、次に指定された者が新たに受益権を取得する旨の定めのある信託であるが、受益権の承継の回数には制限はない。

B．適切。受益者連続信託の信託期間は、信託が設定から30年経過後に新たに受益権を取得した受益者が死亡するまで、または当該受益権が消滅するまでとされており、信託設定から30年経過後は、受益権の新たな承継は一度しか認められない。

C．適切。受益者連続信託の信託設定時に受益者が現存している必要はないため、まだ産まれていない孫を受益者として定めておくことができる。

D．適切。信託財産に対して、遺留分の減殺請求権が認められるため、遺留分の減殺請求は、受託者または受益者のいずれに対しても行うことができる。

正解　A

解説　テキスト第2分冊　194頁〜196頁

　世代を越える財産承継を決める遺言、いわゆる後継ぎ遺贈を民法は認めていない（無効）と解されていたが、2006年改正により、信託法は、信託行為により、受益者を連続させることを正面から認め、こうしたニーズに応える信託行為「後継ぎ遺贈型受益者連続信託」が可能となった。後継ぎ遺贈型の受益者連続信託は、受益者の死亡により、その受益者の有する受益権が消滅し、次に指定された者が新たに受益権を取得する旨の定めのある信託であり、その内容は次表のとおりである。

項　目	内　　容
信託期間	受益権の承継の回数に制限はないものの、信託期間は、信託が設定されて30年を経過した後に、信託行為の定めにより新たに受益権を取得した受益者が死亡するまで、またはその受益権が消滅するまでの間、その効力を有するものとされる。信託設定から30年経過後は、受益権の新たな承継は一度しか認められず、その後は、受益者の一般相続財産となる。
受益者	信託設定時に受益者が現存している必要はなく、まだ産まれていない孫を受益者として定めておくことも可能である。
税務	受益者連続信託は、受益者の死亡により受益権を取得した際に、当該受益権（収益受益権＋元本受益権）が相続税の課税対象となる。
遺留分	受益者連続信託による信託財産は、遺留分減殺請求の適用が認められているため、遺留分に抵触する信託受益権が設定されている場合、遺留分の権利者は、受託者または受益者に対して遺留分減殺請求を行うことができる。遺留分減殺請求がなされた場合には、原則として信託財産から精算作業が必要になる。

残余財産受益者と帰属権利者、信託の清算とその回避

> **問100　残余財産受益者と帰属権利者等に関する記述のうち、正しい ものはどれですか。**

A. 信託を終了させるための清算事務において重要となるのは信託財産の帰属 である。信託期間中から受益者として監督権を行使でき、残余財産を受益 権の行使として自らに帰属させる「残余財産受益者」、または信託の清算 過程終了後の残った財産を、受益権の行使の結果ではなく、当然に帰属さ せる「帰属権利者」のいずれかを定めることができる

B. 信託行為において帰属権利者に定められた者は、信託期間中から財産を受 取ることができる。

C. 遺言代用信託においては、委託者の遺言により、残余財産受益者および帰 属権利者を変更することができる。

D. 実務において、信託財産と信託財産責任負担債務を残余財産受益者または 帰属権利者に併せて給付するニーズがあるが、信託行為で「信託財産の換 価を行わず、信託財産および信託財産責任負担債務を現状有姿で帰属権利 者に帰属させる」などの条項を置けば、そうしたニーズを満たすことがで きる。

選択肢の説明

A. 適切。信託の終了事由が発生すると、信託を終了させるための清算過程に 入るが、スムーズに清算を行うには、信託行為で帰属権利者を定めておく ことが望ましい。

B. 不適切。帰属権利者として、受益者への配分後の信託財産を帰属させるこ とを信託行為で決めることはできるが、帰属権利者は信託期間中において は受益者ではないので、信託終了後にしか財産を受け取ることはできず、 信託行為時以降、受け取る権利が発生する残余財産受益者とは権利内容が 異なる。

C. 不適切。信託法は、遺言代用信託において、委託者が受益者を変更する権 利を認めているほか、遺言による受益者指定権の行使を認めている。この ため、遺言代用信託においては、残余財産受益者は、委託者の遺言によっ

ても変更できる。しかしながら、帰属権利者は受益者でないため、委託者が指定の変更はできず、変更するためには信託行為に信託の変更の定めをすることが必要となる。

D. 不適切。信託行為だけでは、受託者がした契約の相手方や信託債権者の権利義務を変更することはできない。関係者との合意や同意を得て、契約関係の移転や債務引受などの法律行為を行い、第三者に対抗するためには対抗要件を備えることが必要である。

正解　A

解説　テキスト第2分冊　196頁〜198頁

　信託の清算事務を行う受託者を<u>清算受託者</u>という。清算事務において重要となるのが、信託財産の帰属である。信託期間中から受益者として監督権を行使でき、残余財産を受益権の行使として自らに帰属させる「<u>残余財産受益者</u>」、または信託の清算過程終了後の残った財産を、受益権の行使の結果ではなく、当然に帰属させる「<u>帰属権利者</u>」のいずれかを定めることができる。帰属権利者を定めておくことがスムーズな清算のために望ましく、帰属権利者の定めがない場合には、信託法は、委託者またはその相続人その他の一般承継人を帰属権利者とする定めがあったものとみなすと規定している。

遺言代用信託

問101　新信託法により活用可能となった遺言代用信託に関する記述のうち、正しいものはどれですか。

A. 遺言代用信託は、委託者の死亡時に信託契約上で指定された者に受益権を取得させる旨を定める信託をいい、遺言執行手続きが必要となる。

B. 遺言代用信託は、委託者の単独行為によりいつでも信託内容の変更および取消しをすることができる。

C. 遺言代用信託は、遺言と比べて柔軟性が高いといえるが、遺言としての要式性は必要となる。

D. 遺言代用信託では、受益者の同意は必要ではなく、信託設定時に受益者の存在は必須ではない。

選択肢の説明

A. 不適切。遺言代用信託は、委託者が生存中は自己を受益者とし、委託者の死亡時に信託契約上で指定された者（死亡後受益者）に受益権を取得させる旨を定める信託で、遺言執行手続きは不要である。

B. 不適切。遺言代用信託は、受託者および信託監督人の同意がない限り、契約の取消しや受益者の変更をすることはできない。

C. 不適切。遺言代用信託は、遺言と比べて柔軟性が高く、遺言としての要式性は不要である。

D. 適切。遺言代用信託では、受益者の同意は必要ではなく、信託設定時に受益者の存在は必須ではない。

正解　D

解説　テキスト第2分冊　197頁

　遺言代用信託は、委託者が生存中は自己を受益者とし、委託者の死亡時に信託契約で指定された者（死亡後受益者）に受益権を取得させる旨を定めた信託である。遺言代用信託では、遺言としての要式性は要求されていないため、遺言執行手続きは不要で、遺言と同様の目的を相続手続から離れて達成することができる。

　遺言代用信託と遺言および死因贈与との相違点は次のとおりである。

種類	要式性	受遺者の同意	取　消	受益者の意思	留意点
遺言代用信託	不要	不要	一定の制限あり（信託契約に受益者変更権を有しない定めが可能）	信託期間中は受益者の財産処分は信託目的に拘束される	受益者の存在は必須ではない
遺言	必要	不要（単独行為）	いつでも可能	財産取得後は、受遺者が自由に使用処分を行うことが可能	受遺者の存在は必須　作成には意思能力が必要
死因贈与	不要	必要（諾成・片務契約）	双方の合意で可能		受遺者の存在は必須　死因贈与契約後に遺言が作成されている場合には、遺言が優先する

信託の基本的機能

問102　信託の基本的機能として、正しくないものはどれですか。

A．資産変換機能

B．財産管理機能

C．財産承継機能

D．倒産隔離機能

選択肢の説明

A．不適切。資産変換機能とは、金融機関が預金として個人から集めた資金を、企業等に融資を行うこと（本源的証券を間接証券に変換して、資金の調達と融通を行うこと）であるため、信託の基本的機能ではない。

B．適切。

C．適切。

D．適切。

正解　A

解説　テキスト第2分冊　198頁〜200頁

信託の代表的な4つの機能は次のとおりである。

① <u>財産運用機能</u>……2006年の信託法改正前は、信託銀行や投信委託会社（指図権を有する委託者）といった財産運用のプロが担う貸付信託や投資信託などの金融関連の商事信託が主体であった。すなわち、信託の機能のうち受託者のプロ（反復継続して収益を上げる目的で受託者が受託する商事信託）としての能力に期待する「財産運用機能」が重視されていた。

② <u>財産管理機能</u>……信託法改正により、委託者が認知症で自ら財産を管理できない場合や受益者が未成年や病気などによって自分で委託者（親など）から財産を相続しても財産管理できない場合等に、プロだけでなく、家族などが受託者として委託者が保有する不動産などを運用できる信託の要件・効果が明確化された。この信託の「財産管理機能」を活用して民事信託、中でも受託者を家族とする家族信託の組成がしやすくなった。

③ <u>財産承継機能</u>……信託法改正前は、民法における通説で有効性に疑問があった受益者連続信託（受益者死亡後に第二次の受益者、更に第三次の受益者を予め決めて置く「後継ぎ遺贈型受益者連続信託」）が、その有効期間を明確に示して認められた。このため民事信託の「財産承継機能」（資産を受け継いで移転する）が機能として重視されることとなった。

④ <u>倒産隔離機能</u>……信託は、委託者が自らの固有財産から、信託の対象となる信託財産を分離して、受託者にこれらを移転することから、委託者に対する債権者が回収を図ることができないという「倒産隔離機能」を有している。信託法改正により、委託者が受託者を兼ねる<u>自己信託</u>が認められたことにより、委託者は自己の財産の中に固有財産と受益者のための信託財産を持つことができるようになった。受益者が管理能力のない子である場合に親である委託者が自らの財産の中に信託財産を設け固有財産と分離することで、子に贈与しておけば自己の倒産によって換価配当されることはなく、受益者の財産を維持できる利点がある。こうした委託者倒産時の債権者からの「倒産隔離機能」は、会社設立に似て信託の本質的な機能である。

信託の目的と機能の関係

問103 信託の目的と機能の関係について述べた記述のうち、誤りはどれですか。

A. 信託の目的を資産の承継・管理という面から大別すると、「福祉型」「財産・事業承継型」「事務管理型」の信託がある。

B. 「福祉型」信託では、委託者が自己管理できない場合に、受託者に対して財産管理を託する「財産管理機能」が重視され、それゆえ「事務管理型」を包含している。当然のことながら「倒産隔離機能」も重要である。

C. 「財産・事業承継型」信託では、誰が受益者になるのか、信託終了時に誰に信託財産を移転するのかが関心事項となる。委託者の死後、委託者の財産を如何に世代を越えて順次承継していくのか、信託の「財産承継機能」が重視される。

D. 「事務管理型」信託では、委託者が特定の財産の特定の事務を委託することで、自らが事務処理できない場合や、より効率的に事務処理できる場合に用いられ、「財産管理機能」が重視される。民法が定めた法定後見人が選ばれた場合には、後見制度支援信託を利用することができなくなる点には注意が必要である。

選択肢の説明

A. 適切。

B. 適切。

C. 適切。

D. 不適切。法定後見人に全財産の管理を委ねることにリスクがある場合には、裁判所は、後見制度支援信託の利用を推奨している。この制度は後見制度による支援を受ける本人（委託者）の財産のうち、日常的な支払をするのに必要十分な金銭を預貯金等として後見人が管理し、通常使用しない金銭を信託銀行等に信託する仕組みをいい、信託の「財産管理機能」が活用されている。

正解 D

> **解説** テキスト第2分冊 200頁〜202頁

　3つの信託目的の型と信託の機能との関係をマトリックスで表示すると下表のとおりである（○は関連性の強さを示している）。

機　　能	財産管理	財産承継	倒産隔離
組成する理由、目的	委託者（認知症、死亡）や受益者（病気、障害、未成年、紛争予防等）の実情に応じた財産管理	一度の相続や譲渡では実現出来ない複数世代移転	自己の債権者からの隔離による確実な財産保全による受益者保護
福祉型（委託者または受益者の福祉、後見代用型）	○○	○	○○
財産・事業承継型（遺言代用型）	○	○○ （遺言代用信託、後継ぎ遺贈型受益者連続信託）	○
事務管理型	○○	－	－

信託税務の原則

> ### 問104　信託税務の原則について述べた記述のうち、正しいものはどれですか。

A．信託では、受託者が信託財産を所有することになることから、所得課税（法人税、所得税）および資産課税（相続税、贈与税等）は、受託者に課税される。

B．信託契約により委託者が信託財産と信託財産にかかる借入金債務を受託者に移転し、受託者が信託財産責任負担債務を負った場合には、負担付贈与の扱いと同様に信託財産の時価評価額から債務額を差し引いた金額を課税価格として受益者に贈与税が課される。負担の有無にかかわらず信託財産が時価で評価される点には注意が必要である。

C．信託継続中に受益者が変更されたときの受益者や、他益信託で信託が終了し受益者以外の残余財産受益者や帰属権利者が給付を受ける場合には、贈与税または相続税が課される。

D．信託継続中の信託財産からの収益については、信託財産にかかわらず、受益者の他の所得と合わせて損益通算され、所得課税される。

選択肢の説明

A．不適切。信託では、受託者が信託財産を所有することになるが、経済的利益を受けるのは、受益者であることから所得課税（法人税、所得税）および資産課税（相続税、贈与税等）は、受益者の受益に対して課税される（受益者等課税、パススルー＜受託者を通り抜けるという意味＞課税の原則）。消費税も同様の扱いである。信託財産からの収益に対しては所得課税が、受益権全体の受領に伴う利益に対しては、贈与税または相続税がそれぞれ受益者に課される。

B．不適切。負担がある場合には、負担付贈与と同様、課税価格は信託財産の時価で評価される一方、負担がない場合には相続税評価額で評価される。

C．適切。第二受益者や第三受益者は、受益者が変わるときに贈与または遺贈により受益権を取得したものとみなされて、贈与税または相続税が課税される。また、他益信託で受益者以外の残余財産受益者や帰属権利者が給付

を受ける場合にも贈与税または相続税が課される。

D. 不適切。信託財産が不動産である場合には、信託の受益者である個人の、その信託から生じた不動産所得の損失は、生じなかったものとみなされ、損益通算ができないほか、繰越控除もできない。したがって、大規模修繕の予定がある不動産を信託する時には留意する必要がある。

正解　C

解説　テキスト第 2 分冊　206頁〜208頁

　後継ぎ遺贈型受益者連続信託の扱いに関して、税法は、すべての受益権について「信託の利益を受ける期間の制限その他の当該受益者連続信託に関する権利の価値に作用する要因としての制約」が付されていないとみなすと規定している。よって「期間の制限などの制約が付されていない」とみなした信託財産の全部の価額で贈与税または相続税が課されることになる。この結果、後継ぎ遺贈型受益者連続信託では、第二受益者、第三受益者とその都度、贈与税または相続税がかかることとなる。

信託税務─登録免許税、不動産取得税、固定資産税、都市計画税

問105　信託税務の記述のうち、誤っているものはどれですか。

A．委託者から受託者への所有権移転に伴う移転登記には、形式的な移転ゆえに移転登記に伴う登録免許税はかからない。しかし、受託者への所有権移転登記と同時に信託財産である旨を公示する信託の登記を行う必要があり、この登記が第三者に対して信託財産であることを主張するための対抗要件となる。

B．設定時から元本受益者が委託者のみである信託において、信託終了とともに委託者が不動産を取得する場合には、不動産取得税は課税されない。

C．信託の終了時に、「委託者またはその相続人」以外の者が信託財産である不動産を取得する場合には、不動産取得税は課されない。

D．固定資産税、都市計画税は、毎年1月1日の不動産登記簿上の所有名義人に課税されることから、信託財産である不動産については、登記簿上の所有者として登記されている受託者に課税される。

選択肢の説明

A．適切。処分時、終了時の登記原因、登録免許税の扱いは事案により異なるので、具体的な案件に即して、確認・説明をして対処することが大切である。

B．適切。信託の設定や受益権の移転は、担税力の変化がなく非課税である。

C．不適切。設定時から元本受益者が委託者のみである信託において、信託終了とともに委託者が不動産を取得する場合や委託者の相続人が取得する場合には、不動産取得税は課されない。その一方、委託者またはその相続人以外の者が、信託の終了時に信託財産である不動産を取得する場合には、不動産取得税が課されることとなる。

D．適切。この場合、受託者は、課税分を信託財産に対して費用として償還を求めることができるほか、受益者は所得税申告において費用計上できる。

正解　C

解説 テキスト第 2 分冊　208頁〜209頁

金融機関の信託関連業務

> **問106　金融機関の信託関連業務に関する記述のうち、正しいものは どれですか。**

A．信託法では、受託者が、受託者となることを反復継続して業とする場合を 「商事信託」、反復継続しない非営業の場合を「民事信託」と定めている。

B．2006年の信託法改正により、法解釈として議論があった信託の類型（後継 ぎ遺贈型受益者連続信託、自己信託等）について明確化が図られ、商事信 託の形をとることで取組むことができるようになった。

C．金融機関は預金受入・貸付・為替業務を行う免許を得ている一方で他業は 原則禁止されているが、兼営法は、金融機関が信託業法によらず内閣総理 大臣の認可を受けることで、業として受託者となり信託業やその関連業務 を営むことを認めている。

D．信託銀行のみならず、都市銀行や地方金融機関では、遺言の執行に止まら ず、多くの先が殆どの種類の財産管理について、信託の認可を受けている とみられる。

選択肢の説明

A．不適切。法的に民事信託、商事信託を定義したものはない。

B．不適切。2006年の信託法改正では、民事信託を活用する形で法制度の整備 が図られた。

C．適切。内閣総理大臣の認可は、信託業務の種類および方法を定めてなされ る。

D．不適切。都市銀行やいくつかの地域金融機関では、種類を限定した財産に ついてのみ信託認可を受けているとみられる。

正解　C

解説 テキスト第2分冊 211頁〜212頁

受託者が、受託者となることを反復継続して業（営業）とする場合を「商事信託」、反復継続しない非営業の場合を「民事信託」と区別されることが多いが、両者を法的に定義したものはなく、学説によってその範囲は異なる。受託者となることで報酬を得て営業する、いわゆる業とするものを信託業というが、信託業法では「信託の引受けを行う営業」と定義され、これを営む場合には内閣総理大臣の免許または登録を受ける必要がある。

2006年の信託法改正によって法解釈として議論があった信託の類型（後継ぎ遺贈型受益者連続信託、自己信託等）について明確化が図られ、民事信託を活用する法制度が整備された。これにより金融機関は、兼営法の認可を受けた商事信託だけでなく、民事信託においても様々な役割を果たせる可能性がでてきた。

金融機関のうち信託銀行等はほとんどの種類の財産の管理について信託の認可を得ているが、都市銀行やいくつかの地域金融機関は、種類を限定した財産について信託認可を受けているとみられる。しかしながら実際には、地域金融機関において信託認可を使った主たる業務は、遺言の執行や遺産の整理などに止まっており、今後の展開が期待されるところである。

　信託法、信託業法、兼営法（金融機関の信託業務の兼営等に関する法律）の
ポイントを述べれば下表のとおりである。

① 信託法 ・信託の定義や信託財産、受託者の義務、委託者や受益者の権利、一部の信託に関する特例など、信託に関する基本的なルールを定めた法律。 ・信託銀行や信託会社等は、受託者として忠実義務や善管注意義務、分別管理義務などのさまざまな義務を負っており、これにより委託者や受益者の保護が図られている。 ・信託法上の義務は、信託銀行や信託会社等が行う商事信託だけでなく、個人が受託者となる民事上の信託も含め、すべての信託の受託者に適用される。 ・信託法は1922年（大正11年）に制定されたが、その後、信託は信託銀行を中心に商事分野で多く利用されるようになった。しかし、信託に対するニーズの多様化が進むなかで柔軟に対応できない事案も発生した。こうした状況を踏まえ、現代の信託に対するニーズに応えるため、2006年に信託法の抜本改正が実施された。これにより、受託者の義務の合理化や、受益者の権利行使の実効性・機動性を高めるための規定整備が図られた。
② 信託業法 ・信託業を営む信託会社等の免許・登録業務、信託会社等に対する監督や、信託契約代理店の業務・監督などを定めた法律。 ・信託銀行等の信託兼営金融機関に対しても、兼営法により信託業法が準用・適用される。 ・信託業法も信託法と同じく1922年に制定されたが、その後、見直しは行われなかった。この結果、兼営法により信託業務の認可を受けた信託銀行等以外の事業会社による信託業務の取扱いに加え、信託で受託できる財産の種類についての撤廃ニーズが高まった。そのため、信託業法は、2004年に抜本的に改正され、信託会社へ信託業の担い手が拡大されたほか、信託財産の制限が撤廃された。 ・2006年には金融商品取引法の制定に伴い、信託業法も一部改正され、投資性の強い信託契約（特定信託契約）に対して金融商品取引法が適用されることとなり、より一層の投資家保護が図られることとなった。
③ 兼営法 ・銀行などの金融機関が信託業務を行うための兼営の認可、業務、監督などを定めた法律。 ・兼営法により認可を得て信託業務を行う金融機関は信託銀行や信託兼営金融機関と呼ばれる。 ・兼営法には、信託業法の準用規定が定められているため、信託銀行などの信託兼営金融機関には信託業法の一部が準用して適用される。 ・兼営法では、信託業に加えて、証券代行業務、遺言関連業務および不動産業務などの通称、併営業務の取扱いが規定されている。

事業承継支援への信託の活用

> **問107　事業承継支援への信託の活用について述べた記述のうち、誤りはどれですか。**

A．遺言代用信託とは、委託者の死亡時に信託契約上で指定された者に受益権を取得させる旨を定める信託をいい、遺言と同様の目的を相続手続きから離れて達成できる。

B．後継ぎ遺贈型の受益者連続信託とは、受益者の死亡により、他の者が新たな受益権を取得する旨の定めをする信託であり、一定期間内であれば、遺言ではできない次の相続の仕方までも指定できる。

C．株式を信託財産として、株式受領権を元本受益権、配当受領権を収益受益権として分ける方法もある。

D．信託法にいう「遺言による信託」とは、委託者が生前に遺言の要式で、その死亡時に効力が生ずる信託の要領を定めることであり、信託銀行で一般にいわれる「遺言信託」業務のことをいう。

選択肢の説明

A．適切。信託銀行等が提供する商品名としての「遺言代用信託」は、受益者を変更できる点で、機能として遺言に代わる部分がある信託である。

B．適切。後継ぎ遺贈型受益者連続信託について詳しくは、問99参照。

C．適切。受益権を元本受益権と収益受益権に分けて受益者を信託行為で定めることができる。これを受益権複層化という。

D．不適切。信託銀行の業務で一般的にいわれる「遺言信託」は、遺言を執行し、財産処分の執行、助言を行う併営業務であり、信託法第3条2項にいう「遺言による信託」とは異なる。

正解　D

解説　テキスト第2分冊　193頁〜197頁、213頁〜214頁

　「遺言信託」は、学術上では、信託行為を遺言により行うことを指している。信託行為は、遺言か、契約か、自ら宣言する（信託宣言）の3通りのいずれかで行わねばならない行為である（テキスト第2分冊　213頁）。しかし、「<u>遺言信託</u>」という言葉は、実務上、全く異なる意味で使われており、注意が必要である。

　すなわち、金融機関が提供する「遺言信託」サービスは、遺言の存在を前提に、遺族の遺言執行に関し手続的な援助を行うこと（事前の遺言書作成相談、遺言書保管、登録など）や、遺産整理を兼営法上の信託認可の付随業務として行う金融機関の商品のことを指している（信託契約に基づくものではなく、事務委任である）。なお、金融機関は、遺言の執行を受託する場合には、兼営法の遺言の執行に掛かる兼営認可が必要となる。

　<u>遺言代用信託</u>の仕組みは下図のとおりである。

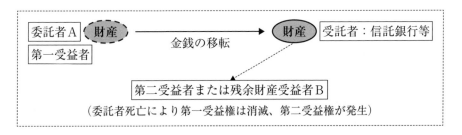

237

信託の種類と機能

問108 信託の種類と機能について述べた記述のうち、誤りはどれですか。

A．遺言代用信託は、受益者を変更できる点で、機能として遺言に代わる部分がある信託である。

B．後見制度支援信託とは、後見制度による支援を受けている人を財産管理面で支援する信託であり、成年後見のみにおいて利用することができる。

C．特定贈与信託は、特定障害者の生活および療養の支援を目的に金銭等の財産を信託するものであり、特別障害者については6,000万円まで、特別障害者以外の特定障害者については3,000万円を限度として贈与税が非課税となる。

D．父母や祖父母、兄弟姉妹などの扶養義務者から、必要な都度、教育費として贈与を受けた財産のうち通常必要と認められるものである場合、教育資金贈与信託を使わなくても贈与税は課税されない。

選択肢の説明

A．適切。詳しくは問107解説参照。

B．不適切。後見制度支援信託の委託者＝受益者は、法定成年後見制度および未成年後見制度の被後見人を対象としている。

C．適切。特定贈与信託は、障害者の生活の安定を図ることを目的に、親族など委託者が銀行や信託会社等を受託者として金銭等の財産の管理・運用を託し、管理された財産は、受益者である特定障害者の生活費や医療費等として定期的に金銭給付する仕組みである

D．適切。扶養義務者から生活費や教育費として、必要な都度、直接これらの用にあてるために、贈与を受けた財産のうち「被扶養者の需要と扶養者の資力などを総合勘案して社会通念上適当と認められる範囲の財産」については、贈与税が非課税とされている（テキスト第2分冊151頁参照）。

正解　B

解説　テキスト第2分冊　201頁、213頁〜216頁

　2013年度税制改正において「教育資金の一括贈与に係る贈与税非課税」措置が取られた。2013年4月1日から2023年3月31日までの間に（その後、2026年3月末まで延長）、30歳未満の孫等（受贈者）が、所定の手続きを行い、所定の教育資金にあてるため、①金融機関等との一定の契約に基づき、受贈者の直系尊属から信託受益権を取得した場合、②書面による贈与により取得した金銭を銀行等に預入をした場合、または③書面による贈与により取得した金銭等により証券会社等で有価証券を購入した場合には、その信託受益権または金銭等の価額のうち1,500万円までの金額相当額については、取扱金融機関の営業所等を経由して教育資金非課税申告書を提出することにより、その年度に受贈者が支払うべき贈与税が非課税になる、という措置である。

　これを受けて信託銀行等では教育資金贈与信託を商品として提供している。具体的な手順を述べると、まず尊属が委託者として、信託銀行等を受託者、金銭を信託財産、そして孫等を受益者とする信託契約を結ぶ。これにより、孫等の受益者は、信託銀行等に対して金銭の払出を請求することができる。払出方法は、領収書等による方法（学校等から発行された支払済領収書等の提出を受け、受益者の口座に振込）と、請求書等による方法（学校等から発行された請求書・振込依頼書等で支払期限内のものを信託銀行等へ提出し、払出した金銭を直接学校等へ振込）との2つの方法があり、金融機関はいずれかの扱いを定めている。

遺言と信託、暦年贈与

> ## 問109　遺言と信託、暦年贈与について述べた記述のうち、正しいものはどれですか。

A．信託銀行の提供する遺言信託サービスは、信託契約が前提にある。

B．遺言書があることが、遺言代用信託の前提となる。

C．暦年贈与信託の受託者は、必ず信託業法上の免許が必要である。

D．特定贈与信託は、障害者の生活の安定を図ることを目的に、作られた仕組みである。これを活用することにより、贈与額が年間110万円を超えると課税される贈与税が、一定の贈与金額まで非課税となる。

選択肢の説明

A．不適切。遺言信託サービスは、遺言の存在を前提に、遺言の執行者として手続的な援助や、遺産整理を行うサービスであって、信託法第3条に規定される信託契約や遺言による信託行為が前提ではない。

B．不適切。遺言代用信託とは、生前のみならず、死後の財産の管理や承継などを信託契約で決めることから、遺言と同様の機能を果たす信託であり、遺言に基づく信託ではない。

C．不適切。民事信託でも類似の暦年贈与信託を受託者が行うことは可能である。また信託銀行が商事信託で行う場合は、兼営法に基づく認可によるのであって信託業法上の免許に基づくものではない。また、暦年贈与ができる類似の預金を扱っている金融機関もある。

D．適切。詳しくは解説参照。

正解　D

解説　テキスト第2分冊　213頁〜216頁

　特定贈与信託は、障害者の生活の安定を図ることを目的に、親族など委託者が、商事信託の担い手である銀行等や信託会社を受託者として金銭等の財産の管理、運用を託し、管理された財産を受益者である「特定障害者」の生活費や医療費等として定期的に金銭給付する仕組みである。

　特定障害者とは、重度の心身障害者である「特別障害者」、中軽度の知的障害者および障害等級2級または3級の精神障害者等である「特別障害者以外の特定障害者」をいう。

　1年間に贈与を受けた額の合計額が110万円を超えると原則として贈与税がかかるが、特定贈与信託を利用すると、「特別障害者」については6,000万円、「特別障害者以外の特定障害者」については3,000万円を限度として贈与税が非課税となる。

成年後見制度1

問110　成年後見制度に関する記述のうち誤っているものはどれですか。

A．成年後見制度とは、成人した大人で認知症、知的障害、身体障害等で責任能力が不十分な者の権利を擁護するための制度である。

B．成年後見制度は、法定後見制度、任意後見制度から成っている。

C．法定後見制度とは、意思能力が十分でない者の行為能力を制限し、その者を保護するとともに取引の円滑を図る制度で、後見、保佐、補助の3段階からなっている。

D．任意後見制度とは、本人が契約の締結に必要な判断能力を有している間に、将来自己の判断能力が不十分になったときに備えて、契約によって後見人候補を決めておく制度である。

選択肢の説明

A．不適切。成年後見制度とは、成人した大人で認知症、知的障害、身体障害等で判断能力が不十分な者の権利を擁護するための制度である。

B．適切。事後に選任する者が家庭裁判所である場合を法定後見制度、予め契約で選任しておく場合を任意後見制度と呼ぶ。

C．適切。法定後見制度では、家庭裁判所が個々の事案に応じて成年後見人等（成年後見人・保佐人・補助人）を選任し、その権限も基本的に法律で定められている。詳しくは問112解説参照。

D．適切。任意後見制度では、本人が任意後見人となる候補者（任意後見受任者）やその権限を自分で決めることができる。

正解　A

解説 テキスト第2分冊 233頁〜236頁

　成年後見制度は、法定後見制度、任意後見制度からなるが、その主な特徴は下表のとおりである。

	法定後見制度	任意後見制度
概要	本人の判断能力が不十分になった後、家庭裁判所によって選任された成年後見人等（後見人、保佐人、補助人）が本人を法的支援する制度。	本人が十分な判断能力を有する時に、あらかじめ、任意後見受任者や将来の委任事務（本人の生活、身上保護および財産管理に関する事務）の内容を定め、本人の判断能力が不十分になった後に、任意後見人として就任し、本人に代わって権限を行使する制度。
申立手続	家庭裁判所に後見等の開始の申立てを行う。	本人と任意後見受任者（候補者）との間で、委任事務について代理権を与える内容の契約（任意後見契約）を公正証書で締結する。本人の判断能力が不十分になった後に家庭裁判所に対し任意後見監督人選任を申立てる。任意後見監督人が選任されれば任意後見受任者は任意後見人となる。
申立人	本人、配偶者、4親等内の親族、検察官、市町村長など	本人、配偶者、4親等内の親族、任意後見受任者（候補者）
後見人権限	法定後見人は、民法に定める範囲内で本人を代理し、本人のした契約を取消せる。	任意後見契約で定めた範囲内で代理する。本人がした契約は取消せない。
監督者	後見監督人、保佐監督人、補助監督人を必要に応じて家庭裁判所の判断で選任。	任意後見開始には必ず任意後見監督人を選任（本人以外の申立てにより任意後見監督人の選任の審判をする場合には要本人同意。ただし、本人が意思表示できないときは不要）。

成年後見制度 2

問111　成年後見制度に関する記述のうち正しいものはどれですか。

A. 成年後見制度の法定後見制度には、精神上の障害による本人の判断能力の程度によって、後見、保佐および補助の3種類の類型がある。

B. 成年後見制度は、家庭裁判所の審判により後見人が選任されるが、家庭裁判所に後見開始の審判を請求することができるのは、本人の親族のみである。

C. 任意後見契約は、書面により契約することが義務付けられているため、公正証書により契約することが望ましい。

D. 法定後見、任意後見はいずれも登記所の登記ファイルおよび戸籍に記載される。

選択肢の説明

A. 適切。法定後見制度は、現に精神上の障害による本人の判断能力が不十分である場合に、本人の判断能力の程度によって、「後見」「保佐」「補助」の3つに区分されている。詳しくは問112解説参照。

B. 不適切。家庭裁判所に後見開始の審判を請求することができるのは、本人、配偶者、4親等内の親族のほか、後見人や保佐人、補助人、検察官などである。

C. 不適切。任意後見契約は、本人に十分な判断能力があるうちに、将来自己の判断能力が低下した場合に備えて、任意後見人を選任しておく契約であるが、任意後見契約は、公正証書により締結しなければならない。

D. 不適切。成年後見制度の利用に関する情報（法定後見、任意後見）は、登記所の登記ファイルには記載されるが、戸籍には記載されない。

正解　A

解説　テキスト第2分冊　233頁〜237頁

　成年後見制度とは、認知症、知的障害、精神障害などで判断能力の不十分な成人した者の権利を擁護するために、判断能力の低下した者の判断能力を後見人等が補い、その者を支援する制度で、「法定後見制度」「任意後見制度」「成年後見登記制度」があり、その概要は次のとおりである。

制度区分	内　　容
法定後見制度	精神上の障害などにより判断能力が不十分となったときに、親族等が家庭裁判所に後見人等の選任を申立て、家庭裁判所が後見人等を選任し本人支援を行う制度であり、「後見」「保佐」「補助」の3類型がある。なお、「後見」「保佐」については、取締役の欠格事由となる。後見開始の審判は、本人、配偶者、4親等内の親族のほか、後見人や保佐人、補助人、検察官なども請求することができる。
任意後見制度	本人に十分な判断能力があるうちに、将来判断能力が低下した場合に備えて、後見してもらう範囲や任意後見人を選任しておく契約で、実際に判断能力が低下した時点で一定の手続により契約が開始する制度である。なお、任意後見では欠格事由はない。任意後見契約は、公正証書により締結しなければならない。
成年後見登記制度	成年後見制度の利用に関する情報（法定後見や任意後見）は、戸籍には記載されないが登記所の登記ファイルへの記載が義務付けられており、限られた者のみが情報にアクセスできる。

法定後見制度

問112　法定後見制度に関する記述のうち正しいものはどれですか。

A．成年後見人には、本人の財産に関する法律行為の包括的な代理権および取消権が付与されるため、本人が行った日用品の購入などの日常生活に関する行為についても、取り消すことができる。

B．成年後見人には、本人の財産に関する法律行為の包括的な代理権が付与されるため、本人が施設に入居して空き家となった居住用財産について、成年後見人の判断で処分ができる。

C．被保佐人は、不動産の売買、金銭の貸借または保証人になるなどの重要な行為は、保佐人の同意が必要となるが、日用品の購入などの日常生活に関する行為は、保佐人の同意は不要である。

D．補助人には、当事者の申立てによる被補助人の特定の法律行為について代理権または同意する権限が与えられるが、補助の申立てには、本人の同意は必要ない。

選択肢の説明

A．不適切。成年後見人には、本人の財産に関する法律行為の包括的な代理権および取消権が付与されるが、本人が行った日用品の購入などの日常生活に関する行為は、取り消すことはできない。

B．不適切。成年後見人には、本人の財産に関する法律行為の包括的な代理権が付与されるため、不動産の処分もできるが、居住用財産の処分については、家庭裁判所の許可が必要である。

C．適切。被保佐人は、不動産の売買や借財または保証、相続の承認などの重要な行為は、保佐人の同意が必要であるが、日用品の購入などの日常生活に関する行為は、保佐人の同意は不要である。

D．不適切。補助人には、当事者の申立てによる被補助人の特定の法律行為について代理権または同意する権限が与えられるが、補助の申立てには、本人の同意が必要である。

正解　C

解説 テキスト第2分冊 233頁〜234頁

　法定後見制度は、本人の精神上の障害により<u>判断能力</u>が不十分となったときに、親族等が家庭裁判所に後見人等の選任を申立て、家庭裁判所が後見人等を選任する制度で、<u>後見</u>、<u>保佐</u>、<u>補助</u>の3つの類型があり、その内容は次のとおりである。

区分	内　　容
後見	精神上の障害により、事理を弁識する能力を欠く常況にある者を対象とした制度で、後見の申立てにより、本人の判断能力を鑑定のうえ、家庭裁判所の審判により後見人が選任される。成年後見人には、成年被後見人の財産に関する法律行為について包括的な代理権が付与され、成年被後見人の行った法律行為の取消権も付与される。 非居住用不動産については、後見人の判断で処分することができる一方、居住用不動産の処分については、家庭裁判所の許可が必要である。
保佐	精神上の障害により、事理を弁識する能力が著しく不十分な者を対象とした制度で、保佐の申立てにより、本人の判断能力を鑑定のうえ、家庭裁判所の審判により保佐人が選任される。被保佐人は、不動産の売買、金銭の貸借または保証人になるなどの重要な行為については、保佐人の同意が必要となるため、保佐人の同意がない場合は、取り消すことができる。ただし、日用品の購入などの日常生活に関する行為については、保佐人の同意は不要である。
補助	比較的軽度な精神上の障害により、事理を弁識する能力が不十分な者を対象とした制度で、補助の申立てにより、本人の同意のうえ、家庭裁判所の審判により補助人が選任される。当事者の申立てによる被補助人の特定の法律行為について代理権または同意する権限が与えられる。

任意後見人と法定後見人との関係

> **問113　任意後見人がいる場合に、法定後見を申し立てることができるか、正しいものを選びなさい。**

A．任意後見人と法定後見人は、両方同時に存在することができる。

B．任意後見人が先に選任されている場合には、法定後見を申し立てることはできない。

C．任意後見人の辞任を待って、はじめて法定後見を申立てることができる。

D．任意後見人がいても、法定後見を申し立てることができる。

選択肢の説明

A．不適切。任意後見は、本人の意思に基づく契約であるため、原則として、任意後見が法定後見に優先される。ただし例外として、任意後見契約効力発効前の時点で、本人の利益のためにとくに必要があると認められるときに限り、法定後見開始の審判がなされ法定後見に移行する場合がある。また任意後見が開始している場合において、法定後見が開始したときには、任意後見契約は終了する（任意後見契約に関する法律第10条第3項）。

B．不適切。任意後見契約に関する法律第10条は「任意後見契約が登記されている場合には、家庭裁判所は、本人の利益のため特に必要があると認めるときに限り、後見開始の審判等をすることができる」と定めており、法定後見の申し立ては可能である。

C．不適切。法定後見人は、任意後見人と異なり本人の契約を取り消すことができるなどより強力な権限を有している。任意後見人の代理権限以外の行為が生じた場合、また不行跡（ふぎょうせき）の場合などにも法定後見人を選任する必要がある場合がありうる。

D．適切。上記B参照。

正解　D

解説　テキスト第2分冊　233頁〜237頁

　法定後見制度では、家庭裁判所が個々の事案に応じて成年後見人・保佐人・補助人を選任し、その権限も基本的に法律で定められているのに対し、任意後見制度では、本人が任意後見人となる候補者（任意後見受任者）やその権限を自身で決定することができる。

　任意後見契約では、認知症になる以前に任意後見受任者（任意後見監督人が選任されれば任意後見人となる）を決めておくことができるため、あらかじめ本人や家族の事情を知っている人に就任してもらえるという利点がある。

　任意後見は、本人の判断能力があるうちに、判断能力を失った後に行為能力を補完する代理人として任意後見人を契約（代理権の範囲は代理権目録で具体的に定める）で選定しておく制度である。

　法定後見は、本人が認知症になった後、家庭裁判所には家族だけでなく、4親等内の親族や市町村長も請求できる。法定後見人は重要な財産処分について実務上家庭裁判所の許可を得る必要があり、手続に時間を要する。その一方、任意後見人は、任意後見監督人の同意は必要となるが、家族との関係やその他の財産の状況などを踏まえた代理事項に従い、迅速に対応することが可能である。

プライベートバンキング資格試験対策問題集
（第 2 分冊）

2023年11月14日　初版第 1 刷発行

発行所 ── ときわ総合サービス 株式会社

〒103-0022　東京都中央区日本橋室町4-1-5
共同ビル（室町四丁目）
☎ 03-3270-5713　FAX 03-3270-5710
https://www.tokiwa-ss.co.jp/

印刷／製本 ── 株式会社サンエー印刷